KB036624

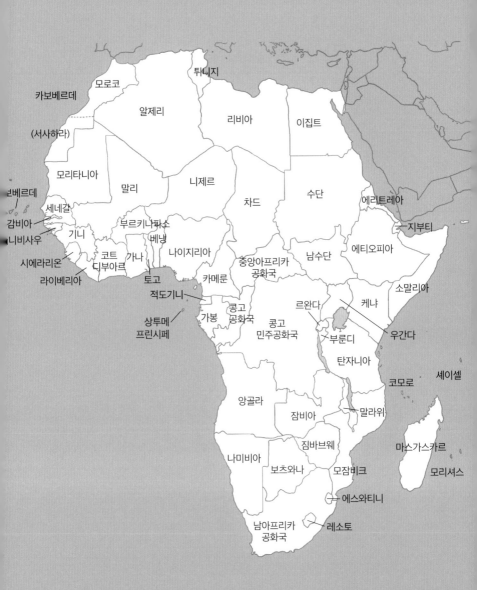

카보베르데

모로코

튀니지

알제리

리비아

이집트

(서사하라)

모리타니아

말리

니제르

차드

수단

에리트레아

지부티

르베르데

세네갈

감비아

니비사우

기니

부르키나파소

베냉

나이지리아

중앙아프리카
공화국

남수단

에티오피아

소말리아

시에라리온

라이베리아

코트
디부아르

가나

토고

적도기니

카메룬

르완다

케냐

상투메
프린시페

가봉

콩고
공화국

콩고
민주공화국

부룬디

우간다

탄자니아

코모로

셰이셸

앙골라

잠비아

말라위

마스가스카르

짐바브웨

모리셔스

나미비아

보츠와나

모잠비크

에스와티니

남아프리카
공화국

레소토

있는 그대로 남아프리카공화국

있는 그대로
남아프리카공화국

정현재 지음

초록비책공방

반짝반짝 빛나는 온갖 색을 품은 곳

나는 남아프리카공화국을 항상 무언가 반짝이고 있는 곳이라고 말하고 싶다. 이곳에 처음 발을 딛었을 때 난생 처음 마주하는 밝은 태양빛에 눈이 콕콕 시렸다. 이곳의 산에 올랐을 때는 바람에 흔들리는 실버트리가 반짝이며 손을 흔드는 듯했고, 해 저물 녘이면 해변의 모래와 파도가 별처럼 반짝이며 쉴 새 없이 조잘댔다. 지금은 좋은 친구가 된 새로운 사람들을 만났을 때 그들 눈 안의 반짝임이 내게 말을 걸었다. 학교에 가지 않는 길거리 아이들의 통통한 볼살은 부드러운 빛을 냈다.

이 모든 반짝임이 모여 한때 어두웠던 내 마음도 결국 밝

혀주었다. 남아프리카공화국은 별걸 다 반짝이게 해 왠지 예뻐 보이게 하는 힘이 있다. 오죽하면 새끼 바분원숭이 두 마리가 독기를 품고 싸울 때 튀기는 찰나의 침까지도 반짝였을까.

뜨거운 해의 쨍한 빛이 밝으면 모든 색의 명도가 분명해지고 색을 품은 모든 존재는 내재된 고유한 아름다움을 드러낸다. 동시에 그 아래 그림자 또한 흑색의 깊이를 더한다. 내가 본 이곳의 반짝임도 아득한 어두움을 품은 이면을 보여주었다. 날씨가 좋은 날이면 이곳 사람들은 너도나도 소중한 이들과 함께 바다로, 산으로 나갈 채비를 하고 차에 오른다. 그러나 운전할 때마다 어김없이 마주치는 것은 신호등 옆 굶주림과 헐벗음에 지친 집 없는 사람들이다. 내가 반한 이곳만의 수려함과 내가 누린 편의와 안전 이면에는 혐오와 가난, 폭력이 자리하고 있었다. 좋은 것과 추한 것은 서로가 얽히고 꼬여 도저히 풀어낼 수 없을 것 같은 타래가 되어있었다.

남아프리카공화국은 여전히 심각한 사회 문제를 안고 있고, 그 문제의 많은 원인 중 무시할 수 없는 것이 바로 인종 차별의 역사이다. 이미 과거가 되어버린 사람들이 빼앗거나 잃어버린 기회가 지금 숨 쉬고 있는 사람들의 삶에 계속 영향을 미치고 있다. 얽히고 설킨 문제와 그로 인한 뼈아픈 악순환을 주시하고 있노라면 아마 그 누구도 해결할 수 없을 거라는 생각에 가슴만 답답해진다.

다행히 태양은 어디라도 여행할 수 있어서 그 어떤 추한 것

주변에도 빛을 비춘다. 계속해서 작은 반짝임을 주시하고 그것을 키워내려 노력하다 보면 결국 태양도 같은 방향으로 움직여 어둠을 조금씩 밀어내리라 생각한다. 그렇게 점차 어둠이 걷히면 침 튀겨가며 살벌하게 싸우다가도 곧 뒹굴며 신나게 노는 바분원숭이처럼 남아프리카공화국 사람들도 한데 어우러져 삶을 일궈나갈 수 있지 않을까?

《있는 그대로 남아프리카공화국》에서는 내가 직접 보고 느낀 남아프리카공화국의 매력과 때로는 쓰린 이곳의 현실을 함께 담으려고 했다. 생활 방식과 사회적 문제의 영향으로 이곳에 사는 대부분의 동양인은 동양 문화 다음으로 백인 문화와 가깝게 지내고 있고, 나 또한 그런 삶을 살고 있다. 그런 연유로 이곳의 다른 문화를 더 깊이 들여다보고 토론할 수 없는 것을 유감스럽게 생각한다. 이 책을 읽는 여러분도 이 부분을 염두에 두고 새로운 정보를 접할 때 최대한 편견을 내려놓고 받아들이길 바란다.

남아프리카공화국을 거쳐 간 사람들은 이곳을 신기한 곳이라고 한다. 아름다운 곳은 지구별에 수도 없이 많지만 만나본 사람만 아는 이런 아름다움은 남아프리카공화국에만 있는 것 같아 자꾸만 이야기하고 싶어진다. 여러분도 이 책을 통해 조금이나마 남아프리카공화국이 지닌 특별한 힘을 느껴보길 바란다.

차 례

1부 하우짓? 남아프리카공화국

8

2부 남아프리카공화국 사람들의 이모저모

3부 역사로 보는 남아프리카공화국

4부 문화로 보는 남아프리카공화국

5부 여기에 가면 남아프리카공화국이 보인다

에필로그

퀴즈로 만나는
남아프리카공화국

다음의 퀴즈는 이 책을 보기 전에 알아두면 좋을 남아프리카
공화국에 대한 가장 기본적인 정보이다. 정답을 다 맞히지 못
하더라도 퀴즈를 풀다 보면 남아프리카공화국에 대한 호기심
이 조금씩 생길 것이다.

Q1.

"

다양한 인종이 사는
남아프리카공화국의
또 다른 명칭은?

"

Answer. 무지개 나라

다양한 인종과 민족이 같은 생활권 안에서 각기 다른 생활 방식과 가치관을 가지고 살아가는 남아프리카공화국의 또 다른 이름은 '무지개 나라'이다. 1994년 첫 민주주의 투표가 이루어졌을 때 남아프리카공화국의 영원한 정신적 지주, 데스몬드 투투*Desmond Tutu* 대주교가 다양한 피부색을 가진 사람들이 하나가 되어 새롭게 만들어가자는 희망을 담아 '무지개 나라'라는 별명을 지어주었다.

● 아파르트헤이트 박물관에 세워진 다양한 피부색의 뒷모습(출처-apartheidmuseum.org)

Q2.

남아프리카공화국은
수도가 세 군데이다.
다음 중 남아프리카공화국의
수도가 아닌 곳은?

❶ 케이프타운 ❷ 요하네스버그
❸ 프레토리아 ❹ 블룸폰테인

Answer. ❷ 요하네스버그

남아프리카공화국은 수도의 기능을 행정, 입법, 사법으로 나누었는데 하우텡주에 있는 프레토리아는 행정 수도이고, 웨스턴케이프주에 있는 케이프타운은 입법 수도, 프리스테이트주에 있는 블룸폰테인은 사법 수도이다. 하우텡주에 있는 요하네스버그는 남아프리카공화국 최대의 도시이자 아프리카에서 가장 번영한 상공업 도시이다.

● 요하네스버그 도심(출처-Unsplash @clodagh-da-paix)

Q3.

"

1488년 포르투갈의 항해가
바르톨로뮤 디아스가 발견했으며
'폭풍의 곶' 또는 '희망의 곶'이라고
불리는 곳은?

"

Answer. 희망봉

희망봉은 대서양과 인도양이 만나는 지점에 있는 암석 곶으로, 15세기 대항해 시대 유럽에서 인도로 가기 위한 필수 코스였다. 이 지역을 독점한 네덜란드는 막대한 이득을 얻기도 했다. 유네스코 세계 자연유산으로 등록된 희망봉에서는 다양한 동식물을 관찰할 수 있다.

● 동쪽에서 바라본 희망봉

Q4.

남아프리카공화국의 공식 언어 중
하나로 백인과 컬러드인이
주로 사용하는 언어는?

Answer. 아프리칸스어

남아프리카공화국에서는 셀 수 없이 다양한 언어가 사용되고 있다. 민족 다양성을 존중하는 의미로 정부가 정한 공식 언어만 무려 11개이다. 아프리칸스어는 수세기 전 아프리카로 건너온 네덜란드인이 사용하던 언어가 남아프리카공화국의 현지 언어와 영향을 주고받으면서 새롭게 생겨났다. 줄루어와 코사어 다음으로 남아프리카공화국에서 많이 쓰이는 언어다.

● 컬러 런 행사에서 함께 어울려 즐기는 다양한 인종의 남아프리카공화국 사람들
(출처-Unsplash @nqobile-vundla)

Q5.

남아프리카공화국 최초의
흑인 대통령으로
인종 차별 철폐를 위해
힘쓴 인물은?

Answer. 넬슨 만델라

넬슨 만델라*Nelson Mandela*는 인종 차별 해소와 국민 화합을 위해 투쟁한 남아프리카공화국 최초의 흑인 대통령이다. 아파르트헤이트 폐지와 평화적 민주주의 도입에 기여했다는 평가를 받아 1993년 프레데리크 빌렘 데 클레르크*Frederik Willem de Klerk* 전 대통령과 함께 노벨 평화상을 공동 수상했다.

4년의 임기를 끝내고 대통령직에서 물러난 넬슨 만델라는 에이즈퇴치 운동에 발 벗고 나서기도 했다. 남아프리카공화국의 평화와 화합을 위해 평생을 바친 그의 모습은 아프리카 국가들뿐 아니라 전 세계 국가에 귀감이 되고 있다.

● 요하네스버그 길가에 걸려있는 넬슨 만델라 포스터(출처-Unsplash @Gregory Fullard)

1부

하우짓?
남아프리카공화국

한 번 다이아몬드를 찾아본 사람은
절대 찾기를 멈추지 않는다.

아프리카의 땅끝 마을

땅이 멎는 지점에 바다와 산이 만나는 땅끝 마을. 한적한 그곳에 유유히 흐르는 구름과 그 아래 잔잔한 바다를 보면 꽤나 닮은 구석이 많다고 느낀다. 바다 곳곳에 반쯤 잠긴 바위와 그 바위 위로 부서지는 파도 그리고 그 너머로 해가 그리는 그림자를 봐도 그렇고, 그 사이로 사람들이 오랜 시간 남겨온 흔적을 볼 때도 그렇다.

남아프리카공화국, 길고 어려운 이름만큼이나 우리에겐 생소한 곳이다. 각각 아시아 대륙과 아프리카 대륙의 가장 끝트머리에 위치해 안 그래도 먼데, 국가 간 교류조차 많지 않은 탓에 이름만 듣고는 정확히 어디에 있는 어떤 나라인지 감조차 잡기 쉽지 않다.

인천에서 남아프리카공화국 주요 공항까지 이동하는 데 걸리는 비행시간만 24시간에 가깝고, 실제 이동 시간은 40시간 가까이 걸리니 멀기도 참 먼 곳임은 확실하다.

그러나 남아프리카공화국은 한국과 비슷한 면모가 많다. 한국이 아시아의 동쪽 땅끝 마을 격인 것처럼 남아프리카공화국도 아프리카의 남쪽 땅끝 마을로, 한국과 같이 삼면이 바다와 맞닿아있고 똑같이 동고서저의 지형을 가지고 있으며 뚜렷한 사계절이 있다.

인구는 비슷하지만 한국보다 10배 이상 큰 땅

남아프리카공화국은 이름처럼 아프리카 대륙의 최남단에 위치한 나라이다. 위로는 나미비아, 보츠와나, 짐바브웨, 모잠비크, 에스와티니와 맞닿아있고, 특이하게 영토 중심부에 레소토라는 나라를 품고 있다.

남아프리카공화국의 면적은 약 122만 제곱킬로미터로 한국의 12~13배 정도이고, 영토를 가장 길게 가로지르는 거리는 1,900킬로미터가 넘어 쉬지 않고 운전해도 20시간이나 걸린다. 반면 인구는 약 5,900만 명으로⁕ 한국(약 5,200만 명)과 큰

⁕ 출처 : 세계은행(2020)

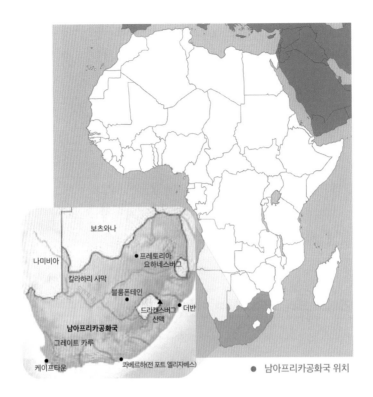

보츠와나

나미비아

칼라하리 사막

프레토리아
요하네스버그

블룸폰테인

드라캔스버그
산맥

더반

남아프리카공화국

그레이트 카루

케이프타운

콰베르하(전 포트 엘리자베스)

● 남아프리카공화국 위치

차이가 나지 않아 인구 밀도가 낮은 편이다.

실제로 남아프리카공화국을 여행하다 보면 끝도 없이 펼쳐진 '노는 땅'을 자주 볼 수 있는데 다양성을 자랑하는 이곳 기후에 따라 그 '노는 땅'은 돌 광야로, 끝도 없는 사바나로, 빽빽한 우림으로, 만발한 오색의 꽃으로 그리고 때로는 수많은 양떼와 소떼로 채워진다. 한국에서는 마주하기 힘든 광활함과 매번 다른 아름다움으로 채워진 경치를 구경하다 보면 그 먼 횡

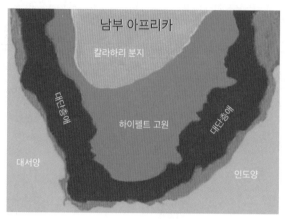

칼라하리 분지

남부 아프리카

대단층애

하이펠트 고원

대단층애

대서양

인도양

● 남아프리카공화국 영토의 대부분을 차지하고 있는 대단층애

단 거리도 그리 고되게 느껴지지 않을 정도다.

동고서저의 지형

아프리카 대륙은 한국과 같이 서쪽은 낮고 동쪽으로 갈수록 높아지는 동고서저의 지형을 가졌다. 가로로 긴 지형인 남아프리카공화국은 영토 안에 아프리카 대륙의 서부와 동부의 특징을 모두 가지고 있다.

한국의 지형과 크게 다른 점이라면 남아프리카공화국의 영토 대부분을 차지하고 있는 광활한 고원과 웅장한 산맥일 것이다. 이 산맥은 통틀어 대단층애*Great Escarpment*를 이루는데 북

서쪽의 나미비아와 앙골라 영토에서 시작되어 U자를 그리며 남아프리카공화국을 가로지른 후 북동쪽 모잠비크와 짐바브웨 사이까지 이어진다. 대단층애의 동쪽 부분은 장엄한 드라켄즈버그 산맥으로, 이 산맥의 해안 방면은 급격한 경사를 이루며 바다와 만난다.

드라켄즈버그를 비롯한 대단층애의 북쪽으로는 끝이 없을 것만 같은 넓은 고원이 시작되는데 남아프리카공화국 면적의 대부분이 이 고원에 속하고 남아프리카공화국 사람들이 사랑하는 바비큐 브라이용 양도 이 고원에서 자라 식탁에 오른다.

다채로운 자연환경을 가진 곳

다양한 인종과 민족이 어우러져 살아가는 남아프리카공화국은 '무지개 나라'라는 별명을 가졌다. 하지만 이곳에 머무르다 보면 무지개가 뜻하는 다채로움이 그저 사람이 내비치는 다양성에만 국한되지 않는다는 것을 알 수 있다.

서쪽 도시 케이프타운은 햇살과 바다, 모래로 빛나는 곳이자 저 멀리 겹이 진 산맥을 볼 수 있는 곳이다. 여기서 조금 더 북쪽으로 이동해 나미비아에 다다르기 전 노던케이프에 닿으면 매우 건조한 붉은 돌 광야가 펼쳐지고, '곧 모래사막이 시작되겠구나'라는 생각이 스친다.

● 건조한 노던케이프 지역

   남동쪽으로 갈수록 점점 습도가 느껴지고 빽빽한 녹음으로 둘러싸인 가든루트의 여러 마을을 만나게 된다. 더 동쪽으로 가면 따뜻한 인도양의 영향으로 습도가 높아지는 것이 느껴지는데 곧 남아프리카공화국의 공업 도시인 더반에 다다른다.

   해안선이 아닌 중부 지역으로 이동하면 점점 지대가 높아지고 끝도 없이 이어진 산맥의 연장인 대단층애를 넘는다. 이곳을 넘어서면 또다시 고원이 시작되고 공기가 다소 건조해진다. 여기서는 머지않아 북적이는 경제 도시 요하네스버그와 역사가 깊은 행정 수도 프레토리아와 같은 대도시를 만날 수 있다.

눈 오는 겨울이 지나면
선선한 여름이 찾아오는 곳

연중 내내 태양빛이 따가운 남부 아프리카에도 눈이 내린다. 킬리만자로의 만년설에 대해서는 들어본 적이 있지만 다른 아프리카 지역에도 눈이 내린다는 사실은 조금 생소하다.

적도와는 한국만큼이나 떨어진 경도에 위치한 탓에 남아프리카공화국에는 매년 눈이 내린다. 기후가 온화해 웬만한 도시에서는 산봉우리 끄트머리가 희끗하게 변하는 정도이지만 산맥이 많고 고도가 높은 지역은 폭설로 차량 운행이 어려울 정도로 눈을 보는 것이 어려운 일은 아니다. 이곳에서도 눈은 겨울의 하이라이트이기 때문에 매년 겨울이 되면 눈을 보러 여행길에 오르는 현지인도 많다.

남아프리카공화국에는 혹서와 혹한이 없다. 겨울에는 보통

● 눈이 내린 남아프리카공화국(출처-@Kitty Viljoen)

영상 15도 안팎을 유지하는데 가장 추운 날도 영상 5도 정도로 옷만 따뜻하게 갖춰 입으면 추위로 고생하지는 않는다. 여름에는 기온이 영상 35도를 웃돌기도 하지만 습도가 낮기 때문에 가장 더운 며칠을 제외하고는 햇빛을 피해 실내에 들어가면 더위를 느끼지 않는다.

비교적 온화한 기후로 인해 사람마다 더위와 추위를 느끼는 정도가 달라 여름에도 민소매를 입은 사람부터 카디건을 입은 사람까지 두루 볼 수 있고, 한겨울에도 구스다운 점퍼를 입은 사람이 있는가 하면 반팔에 슬리퍼 차림의 사람까지 다양하게 볼 수 있다. 이처럼 같은 날 같은 도시에 살면서도 입는 옷마저도 다채로운 나라이다.

남아프리카공화국은 따뜻한 해류를 가진 인도양이 동쪽에서 서쪽으로 동해안을 쓸어내리고, 차가운 대서양이 북쪽에서 남쪽으로 서해안을 따라 흐른다. 서로 다른 성질을 가진 두 바다와 동쪽으로 높아지는 고도로 인해 동쪽으로 갈수록 강수량이 많아지고 이 때문에 동서 간의 기후 차이가 뚜렷하다.

케이프타운은 기후가 좋기로 유명하다. 비가 많이 오는 겨울에는 평균 기온 12도를 유지하고, 여름인 1~2월에는 거의 비가 오지 않으며 습도가 낮고 화창한 날씨에 17~29도를 유지하는 지중해성 기후를 자랑한다.

케이프타운에서 북쪽으로 200킬로미터 정도 이동하면 반건조 기후가 시작된다. 여기까지만 해도 초록빛 나무를 많이 볼 수 있고, 봄에는 고속도로를 따라 유채 꽃밭과 풍차가 끝도 없이 이어져 잠시 가던 길을 멈추고 그 꽃밭에 한번 잠겨보고 싶다는 생각도 하게 된다.

계속해서 북쪽으로 그리고 약간은 동쪽으로 가다 보면 어느새 녹음은 온데간데 없어지고 다 말라가는 덤불과 돌멩이만 길언저리 구석구석에 보이는 길이 펼쳐진다. 이곳이 바로 가장 건조한 노던케이프주로, 나미비아 사막으로 이어지는 구간이다. 구름이 없어 별을 관측하기 가장 좋은 곳이며 특히 하늘이 맑고 달이 없는 밤에는 까만 하늘에 하얀 페인트 별을 흩뿌린 것 같

● 케이프타운 뮤젠버그의 풍경

● 서덜랜드에서 본 은하수(출처-sutherlandinfo.co.za)

● 돌과 덤불로 가득 찬 카루 지역

은 장관을 경험할 수 있다.

케이프타운이 있는 웨스턴케이프주를 제외한 대부분의 지역은 비교적 건조한 기후를 보인다. 계절로 보면 여름에는 비가 많이 내리고 겨울에는 건조하다. 대단층애 아래쪽인 동남쪽 해안선부터 동쪽 국경을 따라서는 아열대성 기후 또는 그에 가까운 기후를 띤다.

내륙 고원이 있는 프리스테이트주, 콰줄루나탈주, 이스턴케이프주, 음푸말랑가주는 남아프리카공화국에서 비가 가장 많이 오는 지역이며 비가 올 때마다 뇌우가 친다. 이 중 콰줄루나탈주와 이스턴케이프주의 북쪽 지역은 모잠비크 해류의 영향을 받아 사이클론까지 생기기 때문에 재해 수준의 강우량과 홍

수가 잦아 매년 뉴스거리가 된다.

비가 많이 내리는 여름에도 잠시 동안 비가 그치고 뜨거운 햇볕이 내리쬐는 기간이 있는데 짧은 시간 내 극단적으로 변하는 날씨 탓에 한 해 농사를 망치는 경우가 많다. 이곳은 많은 비로 피해를 보는 반면 반대의 날씨를 가진 서쪽 케이프타운은 심한 가뭄으로 열병을 앓는 경우도 있다.

다른 도시가 겪는 자연재해를 뉴스로 접하면 걱정만 할 뿐 대부분의 국민이 넉넉찮은 형편 때문에 직접 나서서 돕기는 힘들다.* 같은 시간, 같은 나라에 있어도 전혀 다른 시공간에 있는 것 같은 착각까지 불러일으킨다.

---

* 백인 문화에서는 기부가 익숙한 개념이지만 남아프리카공화국 국민의 대부분을 차지하는 유색인의 경우 불특정 다수보다는 친족이나 가까운 지인을 돕는 일이 더 익숙하다.

무지개 나라의 시민

1994년 남아프리카공화국에서 민주주의 투표가 처음 이루어졌을 때 이곳 사람들의 영원한 정신적 지주, 데스몬드 투투 대주교는 이곳을 '무지개 나라'라고 칭했다. 피부색으로 편을 갈라 일어난 과거의 아픔을 딛고 개개인이 가진 다양성을 포용하고 그와 더불어 모든 이를 하나 되게 만드는 남아프리카공화국의 또 다른 이름이다.

다양한 민족으로 이루어진 남아프리카공화국의 흑인

무지개 나라의 시민은 제각각 아름다운 색을 띤다. 5,900만 명

● 데스몬드 투투 대주교
(출처-sahistory.co.za)

● 20대 코사 여성

의 인구 중 80퍼센트는 흑인이다. 백인과 컬러드인은 각각 10퍼센트 이하이며, 2.5퍼센트 정도는 아시아인이 차지한다. 하지만 이는 피부색으로만 인구를 나눈 수치일 뿐이다.

남아프리카공화국에서 가장 많은 인구를 차지하는 민족 집단은 응구니계Nguni 언어를 구사하는 줄루Zulu와 코사Xhosa 민족 집단이고, 이들은 소토-츠와나계 언어를 구사하는 소토Sotho, 총가Tsonga, 츠와나Tswana, 벤다Venda 등 다른 여러 민족 집단과 같이 반투계Bantu에 속한다. 응구니나 소토-츠와나 등 같은 뿌리를 공유하는 언어끼리는 의사소통이 가능한 경우가 많다. 처음 보면 다 같은 흑인처럼 보이지만 계속 만나 보면 민족 집단마다 골격과 성격 그리고 개성이 다르다는 것을 알 수 있다.

반투인은 오래전 서부 아프리카에서 내려와 이곳에 자리 잡았다. 흑인의 대부분이 반투계에 속하기 때문에 아파르트헤이트 시절에는 모든 흑인과 일부 유색인을 통틀어 '반투'라고 칭해 임의로 정한 거주 지역에 가둬두고 통치하기도 했다.

1994년 흑인 정권이 들어선 이후 특별 대우와 학연, 지연, 혈연이 맞물려 많은 수의 흑인 엘리트가 생겨났지만 이는 극히 소수의 이야기일 뿐 대부분의 흑인은 수백 년의 피지배 역사와 박탈당한 기회로 인해 지금도 가장 낮은 임금을 받고 일하며 실업률도 가장 높다. 이들의 삶을 들여다보면 하루를 살아내는 데 정말 많은 노력을 기울이고 있다는 것을 알 수 있다. 이들은 상상하기 힘든 어려움이 닥쳐도 꿋꿋이 이겨내면서도 특유의 호탕함과 느긋함을 잃지 않으며 살아가고 있다.

유럽에 뿌리를 둔 아프리칸스인

이민을 시작으로 문화를 형성한 남아프리카공화국 백인의 뿌리는 다양하다. 이곳에서 가장 오래 산 백인은 아프리칸스인 *Afrikaans*으로, 옛날에는 보어인*Boers*이라고 불렸다.

이들은 대부분 네덜란드, 독일, 프랑스계 위그노 또는 영국인 조상을 가졌고, 유럽인의 이민과 정착이 시작된 케이프타운 주변 지역과 이후 민족 대이주를 통해 정착한 프레토리아 지역에 많이 살고 있다. 아프리카 토착민이 아닌 이들이 사용하는 언어는 역설적이게도 아프리칸스어라고 불리며 그들을 지

● 아프리칸스인 배우 샤틀리즈 테론(출처-Vogue @Leigh Page)

칭하는 명칭과도 같다.

다른 인종에 비해 경제적 수준이 높고, 남아프리카공화국이 자랑하는 수많은 농산품과 특산물의 농장주 중 많은 수가 아프리칸스인이다. 하지만 장년층은 과거 아파르트헤이트 시절의 사고방식을 버리지 못한 경우가 많고, 그 영향을 받아 젊은 층도 은연중에 인종 차별을 하기도 한다. 그러나 청년층은 가정 밖 교육 시스템과 수많은 토론을 통해 기성세대보다 좀 더 열린 사고를 가지고 있어 희망적이다.

남아프리카공화국에는 아프리칸스인 외에도 수많은 백인이 살고 있다. 특히 도심 지역에서는 이민 1세대부터 3세대 또는 수개월에서 수년 동안 이곳에서 생활을 이어가는 외국인도 많이 마주칠 수 있어 다양한 생각과 경험을 공유할 수 있다.

특별하고 친근한 문화를 만들어낸 컬러드인

남아프리카공화국의 가장 특별한 인종은 단연 컬러드인일 것이다. 컬러드인은 백인을 선두로 케이프타운에 여러 비흑인 인종이 유입되어 피가 섞이면서 생겨난 인종으로 수백 년이 지난 지금까지도 대를 이어오고 있다. 이들은 반투 및 코이산계 민족 집단과 일용직이나 노예로 이주해온 마다가스카르인, 동남아시아인 등 여러 인종의 피가 섞여있다.

여기서 강조해야 할 것은 이들은 그저 '혼혈'이 아니라 하나의 인종으로 그들만의 문화와 생활 방식에 따라 살아가고 있다는 사실이다. 백인 사회가 시작된 케이프타운부터 웨스턴케이프주에 넓게 퍼져 살고 있는 이들은 아프리칸스어를 모국어로 사용하는데 문화 또한 백인의 전통과 닮은 점이 많다. 이를 두고 컬러드인만의 전통문화가 없는 이유가 이들의 특수한 탄생 배경에 있다는 비판의 목소리도 적지 않게 들린다.

컬러드인은 아파르트헤이트 시절 일등 시민인 백인과 삼등 시민인 흑인 사이에서 이등 시민으로 인정받았으나 이는 인종 간의 분리를 위한 수단일 뿐 이들 또한 심한 차별을 받았다. 흑인이 정권을 쥐고 흑인에게 특별 대우를 제공하고 있는 지금

● 케이프타운에 사는 컬러드인 친구들

도 이들은 차우선 대우를 받고 있다.

이들의 뿌리와 같이 동남아시아 무슬림 문화와 케이프타운
고유의 문화가 만나 생긴 케이프 말레이 문화는 남아프리카공
화국 사람들에게 보보티, 브로디 등 위로가 되는 음식을 선사
하는 귀중하고도 친근한 문화가 되었다.

사회적 지위를 거머쥔 아시아인

아시아인 또한 남아프리카공화국의 인종 중 하나이다. 아시
아계 시민의 대부분은 인도인인데 19세기부터 지금의 더반시

가 있는 콰줄루나탈주의 설
탕 농장에 일하러 오면서 이
곳에 정착했다. 지금은 '흑
인과 백인 뒤에서 실질적인
권력을 쥔 것은 인도인이다'
라는 반농담을 할 정도로 든
든하게 자리 잡고 있으며 다

● 세레스 지역 체리 농장에서 체리를 따고
있는 아시아계 남자아이 (출처-Flikr @South
African Tourism)

양한 직군에서 중요한 자리를 차지하고 있다.

중국인, 태국인, 한국인 등 다양한 나라에서 온 동아시아인
또한 자주 만날 수 있는데 가장 큰 교민 사회를 이루고 있는 중
국인의 경우 19세기 초부터 남아프리카공화국에 정착했다고
하나 지금 거주하는 중국인은 대부분 1994년 이후 들어와 사
는 사람들이라고 한다.

이들은 다른 나라에서와 마찬가지로 주요 도시에 큰 규모
의 차이나타운을 이루어 새로 이민 온 중국 교민에게 좋은 조
건으로 사업 자금을 빌려주는 등 서로 도우며 살고 있다. 아
시안 식료품점 또한 대부분 중국인이 가지고 있어서 현지인뿐
아니라 다른 동아시아인 또한 중국 교민 사회의 서비스를 자
주 이용한다.

뿌리를 찾는 것이 무의미한 일

앞에서 소개한 인종 외에도 남아프리카공화국에는 수만 가지의 '무지개 색'이 존재한다. 워낙 다양한 문화가 섞여있고 코사인과 인도인, 일본인과 아프리칸스인, 프랑스인과 독일인 등 민족 집단 간, 인종 간에 가족을 이루어 사는 사람도 많다. 이런 까닭에 겉만 보고는 어디에 뿌리를 두고 있는지 가늠하기 어렵다.

무지개 나라의 시민들은 다양한 색 중 자신에게 딱 맞는 고유한 색으로 빛난다. 수많은 색을 가진 무지개 속에서도 어색한 조합이 있는 것처럼 이곳에서도 각기 다른 색을 가진 인종이 쉽게 섞이지 못하고 때로는 갈등이 불거지는 것을 볼 수 있다. 하지만 어울리지 않는 색이라도 담는 시각에 따라서 이전에는 눈에 띄지 않았던 톡톡 튀는 아름다움을 발견할 수 있다. 이처럼 수많은 색을 담은 무지개 전체로 시선을 옮겨본다면 이들이 마주한 여러 문제에 대한 접근법이 많은 부분 달라지지 않을까 하는 아쉬움이 남는다.

남아프리카공화국의 상징

인종 간 화합의 의미를 담은 국기

오랜 식민 지배와 아파르트헤이트라는 구조적 인종 차별의 아픔을 겪은 남아프리카공화국은 언제 어디서든 화합과 동등함이라는 단어를 중시한다. 1994년 첫 민주주의 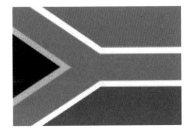 투표가 실시되었을 때도 이 두 단어가 중심이 되었다.

다채로운 색으로 구성된 남아프리카공화국의 국기 중앙에

가로누운 Y자는 과거 차별로 분리되었던 유색인(검정색)●과 백인(하얀색)의 하나 됨을, 빨간색은 자유를 위해 흘린 피를, 파란색은 풍부한 자원을 가지고 있는 바다를 뜻한다. 중앙의 금색 띠는 풍부한 천연자원 특히 금을 의미하고, Y자의 초록색은 천혜의 환경과 농장의 푸르름을 뜻한다.

다섯 가지 언어로 부르는 국가

공식 언어만 해도 11개나 되는 남아프리카공화국은 국가 또한 다섯 개의 언어로 되어있다. 줄루어와 코사어로 시작하는 단조롭고 느린 멜로디는 국가의 중간 부분인 소토어로까지 이어져 신에게 기도를 올리고, 곧 아프리칸스어와 영어로 바뀌면서 힘찬 곡조로 자원에 대한 자랑스런 마음을 노래한다.

줄루어와 코사어로 이루어진 국가의 첫 부분은 사실 1800년대 말 에녹 손통가Enoch Sontonga라는 작곡가가 지은 코사어 성가인데, 이 노래가 널리 불리게 되어 정치 행사에도 사용하게 되었고 이후 아프리칸스어와 소토어, 영어를 이어 붙여 국가로 지

● 유색인이란 코카시안, 즉 백인을 제외한 흑인, 아시아인, 히스패닉, 중동인, 폴리네시아인, 컬러드인 등과 같이 피부색을 가진 사람(people of colour)을 말한다. 백인을 제외한 모든 인종에 대하여 차별 정책을 펼친 역사가 있는 남아프리카공화국을 살펴볼 때 매우 중요한 용어이다.

정한 것이다. 이 중 아프리칸스어로 된 부분은 과거 아파르트헤이트 시절 국가의 일부였기 때문에 비판을 받기도 했다.

줄루어와 코사어

Nkosi Sikelel' iAfrika
하나님, 아프리카를 축복하소서

Maluphakanyisw' uphondo lwayo,
이곳의 영광을 높이 올리소서

Yizwa imithandazo yethu,
우리 기도를 들어주소서

Nkosi sikelela, thina lusapho lwayo
주의 자녀인 저희를 축복하소서

소토어

Morena boloka setjhaba sa heso,
하나님, 우리 국가를 보호하소서

O fedise dintwa le matshwenyeho,
모든 전쟁과 환난을 멈추소서

O se boloke, O se boloke setjhaba sa heso,
저희를 보호하시고 국가를 보호하소서

Setjhaba sa South Afrika – South Afrika.
남아프리카공화국을 보호하소서 - 남아프리카공화국

Uit die blou van onse hemel,
하늘의 푸른빛으로부터

Uit die diepte van ons see,
깊은 우리 바다로부터

Oor ons ewige gebergtes,
시들지 않는 산맥 위로

Waar die kranse antwoord gee,
바위 사이로 메아리가 울려 퍼진다

영어

Sounds the call to come together,
함께 모이자는 외침이 울리고

And united we shall stand,
하나 되어 우리는 일어서리

Let us live and strive for freedom,
자유를 위해 살고 싸우리

In South Africa our land.
우리 땅, 남아프리카공화국에서

남아프리카공화국 국가 듣기

다른 어떤 꽃보다도 특별한 국화, 킹프로테아

선인장의 형상을 일부 닮은 프로테아는 보드라운 꽃잎을 가진 다른 꽃보다 훨씬 견고하고 장엄한 분위기를 자아낸다. 이 중에서도 킹프로테아는 국민이 사랑하고 자랑스러워하는 남아프리카공화국의 국화이다.

다른 품종보다 짧고 둥근 꽃잎을 가지고 있는 킹프로테아는 마치 왕관 같은 외관을 뽐내면서도 우아한 느낌을 자아내는데 당당하고 품격 있는 분위기만큼 실제로도 굉장히 튼튼해서 산불까지도 견뎌내는 것으로 알려져 있다. 케이프타운이 속한 케이프 식물구계에서만 자라는 킹프로테아는 영토의 아름다움과 앞으로 피어날 이곳의 잠재성을 뜻한다.

● 킹프로테아

땅의 모습을 닮은 남아프리카공화국의 국장

복잡한 문양으로 채워진 남아프리카공화국의 국장은 나라의 경제를 책임지는 대지에 대한 사람들의 애착과 화합에 대한 염원이 담겨있다.

국장의 양옆을 둘러싸는 뾰족한 아치는 '코끼리의 상아'를, 그 안의 밀은 이 땅의 '비옥함'을 뜻한다. 중앙의 금색 방패에는 코이산족 벽화에서 발견된 그림과 같은 두 사람의 모습이 그려져 있는데 이는 '화합'을 의미하며, 그 위를 장식하는 두 개의 창은 '평화'를 떠올리게 한다.

두 개의 창 위쪽에는 초록빛 프로테아가 위치해있고, 가장 위에 있는 새는 왕관 모양의 햇빛을 받으며 날아오를 준비를 한다. 아래쪽 초록색 띠에 쓰여진 '!KE E: |XARRA ‖KE'는 코이산족의 언어로 된 남아프리카공화국의 모토로, '다양한 이들이 합을 이룬다'는 뜻이다.

세 개의 수도

남아프리카공화국은 여러 개의 수도를 가지고 있다. 현 사회의 토대가 된 케이프타운은 입법 수도이고, 오래전 보어인이 대규모 이주를 한 후 정착한 블룸폰테인과 프레토리아는 각각 사법 수도와 행정 수도로 지정되어있다.

경제 활동이 가장 활발하게 이루어지고 인구 밀집도가 높은 하우텡주의 프레토리아는 세 개의 수도 중 가장 실질적인 수도 역할을 하는 대도시이다. 대부분의 정부 서비스가 집중되어있으며 한국대사관이 위치한 곳이기도 하다.

아직 e-정부 서비스가 발달하지 않았기 때문에 국가에서 발행하는 서류를 받으려면 프레토리아에 있는 주 처리 기관으로 서면 신청서를 보내 처리한 후 다시 발송 받아 준비해야 하는 경우가 많다.

프레토리아는 봄이면 연보랏빛 자카란다 꽃으로 수놓아진 거리가 아름답다. 보어인의 문화가 많이 남아있어서인지 프레토리아의 많은 기관과 기업 및 대학에서는 영어와 함께 아프리칸스어를 공용어로 쓰는 곳이 많다.

남아프리카공화국의 중앙에 위치한 블룸폰테인은 프레토리아의 반 정도 되는 작은 도시이다. '꽃이 피는 봄'이란 뜻을 담고 있는 이름처럼 봄이 되면 장미로 꾸며진 길을 구경할 수 있다. 이곳은 대이주로 유입된 보어인이 오렌지자유국을 세우며 지정된 수도이다. 남아프리카공화국이 생긴 후에는 사법 수도가 되었으며 항소 법원 또한 위치해있다. 역사가 녹아있는 기념물과 박물관이 많아 방문하기 좋고 조용하고 차분한 분위기

● 프레토리아 처치 스퀘어에 자카란다 꽃이 피어있다.(출처-Unsplash @siphokandebele)

를 즐길 수 있는 곳이다.

케이프타운은 유럽인의 이주와 함께 지금의 남아프리카공화국 역사가 시작된 곳이다. 두 수도와는 멀리 떨어져 있으며 바다와 맞닿아 있다. 케이프타운은 이민 역사가 시작된 이래 의회를 통해 국가적 결정을 내려온 곳이어서 입법 도시가 되었다. 산과 바다, 농장과 밭이 많은 환경 덕분에 주요 도시 중 휴양지 같은 환경을 자랑하고 있고 관광 산업이 가장 발달한 곳이기도 하다.

'경제 수도'라고도 불리는 요하네스버그는 경제 활동이 가장 활발하게 일어나는 곳이자 남아프리카공화국에서 가장 인구가 많은 도시*로, 남부 아프리카의 경제를 이끌어가고 있다. 재정 자원이 몰리는 곳인 만큼 다양한 경제적 배경을 가진 사람들이 한데 모이기 때문에 일자리와 볼거리, 관광지가 많지만 경제 불평등이 가장 가시화되어있고 치안이 불안정하다. 인구 밀집도가 가장 높은 반면 이곳 인구의 절반은 소웨토 타운십*에 모여 산다.

● 1제곱킬로미터 당 2,700명이 거주하고 있다.
● 빈민층이 모여 사는 지역

함께 생각하고 토론하기

남아프리카공화국은 다양성이 넘쳐나는 나라입니다. 남아프리카공화국에는 지중해 지역과 같은 쾌적하고 푸릇푸릇한 곳도 있고, 동남아시아처럼 후덥지근하고 울창한 곳도 있으며, 멕시코와 비슷한 건조하고 돌이 많은 곳도 있습니다. 이곳에는 추운 지역에서만 산다고 알고 있는 펭귄, 뿔처럼 생긴 귓털을 단 고양잇과 동물인 카라칼, 강인함을 자랑하는 코뿔소, 무시무시한 겹이빨을 내보이는 백상아리도 있습니다. 이러한 다양한 기후와 동식물과 어우러져 사는 남아프리카공화국 사람 또한 여러 문화와 배경을 갖고 개성 넘치는 모습으로 살아갑니다.

● 우리나라보다 12~13배가 넓은 남아프리카공화국에는 다양한 기후와 지형이 있습니다. 이런 기후와 지형의 다양성은 이곳에 사는 사람들에게 어떤 영향을 끼칠까요? 다양한 남아프리카공화국의 환경에 대해 알아보고, 이것이 사람들에게 미치는 영향에 대해 이야기 나눠봅시다.

●● 남아프리카공화국에서는 다양한 배경만큼이나 다양한 사람이 살고 있습니다. 서로 다른 점이 많은 사람이 어떻게 하나의 국가를 이루어 살게 되었을까요? 서로 다른 점과 닮은 점을 가진 사람이 한곳에 모여 살려면 어떤 것을 고려해야 할까요? 대립이 생길 때와 화합이 이루어질 때로 나누어 생각해봅시다. 대립 및 화합 상황에서 어떻게 대응하는지를 살펴보고, 이들이 궁극적으로 이루고자 하는 것이 무엇일지 생각해봅시다.

2부

남아프리카공화국 사람들의 이모저모

사람은 사람을 통해 사람이 된다.

다르고도 같은 사람들

날씨 좋은 늦은 오전, 바다가 잘 보이는 카페에 앉아 주변을 둘러보면 왜 이곳이 무지개 나라인지 실감할 수 있다.

이제 막 사이클을 타려는 사람은 운동을 즐겨하는지 그을린 피부에 스포츠 선글라스와 보호 헬멧을 챙겨 쓴 젊은 백인 남자이다. 백금색 배냇머리의 백인 아이가 탄 유아용 자동차를 천천히 밀며 걷는 사람은 머리에 스카프를 두른 중년의 흑인 육아 도우미이다. 건너편 카페에서 이야기를 나누는 사람 대부분은 밝은 피부를 가졌고 그들에게 서비스를 제공하는 직원은 대개 흑인이며 이들을 관리하는 매니저는 대부분 백인이다.

차를 타고 분주히 이동하는 사람 중 자가용을 직접 운전하는 사람은 다양한 인종이지만 미니버스, 택시 또는 '콤비'라고

● 트렌디한 카페의 모습. 카페 직원은 대부분 흑인이고 손님은 대부분 백인이다.

● 남아공 전역에서 서민의 교통을 책임지는 '콤비' 택시
(출처-The New York Times, 2018)

부르는 16인승 봉고차에 탄 사람은 어두운 색의 피부를 가지고 있다.

사람들은 같은 시민권을 갖고 서로 멀지 않은 지역에 살고 있지만 같은 생활권 안에서도 각기 다른 생활 방식과 가치관을 가지고 있다. 이는 인종과 문화적 차이뿐 아니라 불평등의 역사에서 비롯된 경제 수준의 차이로 인한 것으로 보인다.

도시에서 도드라지는 빈부 격차

다음의 그래프는 남아프리카공화국과 세계 각 나라의 지니 계수를 비교해놓은 자료이다. 아프리카에서 가장 발전한 경제 수준을 자랑하는 남아프리카공화국의 지니 계수•는 0.62•로, 역설적이게도 아파르트헤이트가 무너진 지 얼마 되지 않았던 1996년(0.61)에 비해 더 불공평해진 것을 알 수 있다.

2015년 남아프리카공화국의 순자산 보유 비율을 살펴보면 부유한 상위 10퍼센트가 전체 순자산의 71퍼센트를 갖고 있고, 가난한 하위 6퍼센트가 7퍼센트를 가지고 있으니 빈부 격차가 매우 심하다는 것을 확인할 수 있다. 한국의 지니 계수는

• 소득의 분배를 나타내는 수치로, 0에 가까울수록 평등하고, 1에 가까울수록 불평등하다.
• 세계은행(2017/2018) 기준

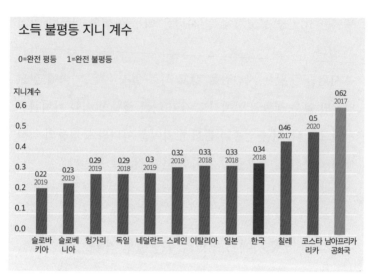

● 세계 여러 나라의 지니 계수(출처-OECD 데이터)

0.35이며 상위 10퍼센트가 전체 순자산의 43.2퍼센트를 가지고 있다. 한국과 비교해도 남아프리카공화국의 빈부 격차는 매우 심한 편이다. 이런 불공평한 현실은 대체로 경제 수준이 낮은 시골 지역에서는 크게 가시화되지 않지만 경제 활동이 활발한 도시 지역에서는 한눈에 관찰할 수 있다는 사실이 꽤나 충격적이다.

타운십은 도시가 발달하면서 일을 찾아 고향을 떠나온 가난한 사람이 도시 외곽에 모여 살면서 생겨난 슬럼이다. 도시 곳곳에 위치하기 때문에 비교적 부유한 지역과 타운십이 맞닿아 있는 곳도 많다. 이곳에 사는 사람들도 낮에는 도시나 부유한

● 요하네스버그 블로버스랜드의 중산층 지역(좌)와 빈민 ● 케이프타운 지역 타운십
촌(우) (출처-Johnny Miller/CNN)　　　　　　　　　 (출처-@전예지)

지역에서 일하기 때문에 많은 사람이 서로가 가진 경제 수준의 차이를 매일 피부로 느낄 수 있다.

아파르트헤이트가 무너진 지 30년이 다 되어가고 흑인 정부가 집권하면서 유색인 또한 교육 및 경제적 혜택을 받아 엘리트가 된 사람이 많지만 아직까지 경제적인 영역은 과거의 혜택을 이어받은 인종의 손에 쥐어져 있다.

그렇다 보니 없는 사람들은 폭력을 앞세워 다른 사람의 것을 빼앗으려 하고, 가진 이들은 그들의 경제력으로 혜택과 신변의 안전을 지키려고 한다. 서로 잘 지내고 싶은 마음도 있고 실제로 인종이나 배경을 막론하고 직접 대면하는 사람과는 평온하게 잘 지내지만 불특정다수가 대상이 되는 순간에는 어쩔 수 없는 혐오와 차별의 모습이 드러나곤 한다.

차별의 역사를 딛고 찾은 희망

하지만 이곳 사람들의 이야기를 들어보면 희망이 없는 것은 아니다. 불과 30년 전만 해도 땅만 보고 걷던 유색인이 이제는 다른 인종과 함께 호탕하게 웃으며 거리에 활기를 불어넣는다. 없는 살림이지만 아이만 잘 따라준다면 이름 있는 학교에 보낼 수 있고, 그런 학교를 졸업한 아이는 비로소 가난의 굴레에서 벗어날 수 있다.

주말이면 지역과 인종을 막론하고 바비큐를 즐기고 같은 스포츠 경기를 관람하며 노래도 부른다. 모두가 다른 모습으로 하루를 보내지만 같은 공간에서 같은 시간을 보낸다. 이들 모두는 주어진 일에 열심히 노력한다. 도움이 필요한 이들에게는 진심으로 걱정하고 도와주며, 도움을 준 이들에게는 고마움을 표현한다.

지난 30년을 지켜본 이들은 앞으로의 30년이 기대된다고 말한다. 수백 년에 달하는 차별의 역사를 딛고 30년 만에 이 정도의 발전을 보인 것은 대단한 업적이라고 말이다.

남아프리카공화국 청소년들의 생활

　자아가 형성되는 시기에 경험하는 모든 것은 사람에게 큰 영향을 미친다. 그런 만큼 이 시간이 어떤 경험으로 채워지느냐에 따라 성인이 되어 어떤 가치관으로 세상을 마주할지 결정된다고 해도 과언이 아닐 것이다.

　남아프리카공화국 사람들은 각자 다양한 문화와 사회적 배경 속에서 태어나고 살아간다. 이곳의 아이들이 누리는 사회적, 문화적 차이가 일상생활에 어떤 다름을 이끌어내는지 살펴볼까 한다.

남아프리카공화국 아이들은 새벽부터 일어나 학교에 갈 준비를 한다. 보통 7시에서 7시 30분이면 수업이 시작하기 때문이다. 수영 같은 활동을 하는 아이들은 아침에 있는 단체 연습에 참여하기 위해 새벽 6시까지 학교에 도착해야 한다.

점심시간이 되면 아이들은 교실 밖으로 나가 밥을 먹는다. 집에서 도시락을 준비해야 하는 학교는 학교 운동장에 모이거나 교내 상점에 가서 샌드위치나 감자튀김을 사 먹고, 급식이 나오는 학교는 교실이나 교내 식당에 모여 밥을 먹는다. 점심을 다 먹은 아이들은 풀밭에서 신나게 뛰놀거나 친구들과 공을 차며 논다.

학교는 일찍 끝나는데 저학년은 오후 1시 정도, 고학년은 대개 2시 정도에 끝난다. 대입을 준비하는 10~12학년일지라도 3시 정도에 수업이 모두 끝난다. 하교 시간이 되면 자녀를 태우러 온 학부모의 차로 주변 도로가 꽉 막힌다.

방과 후에는 럭비, 크리켓, 축구, 골프 같은 동아리 활동에 참여한다. 연습은 학교 지정 장소에서 하지만 경기가 있는 날이면 다른 학교로 원정을 나가기도 한다. 교과 외 활동을 중요하게 여기는 문화이기에 아이들은 대부분 하나 이상의 동아리 활동에 참여한다.

● 럭비 경기를 하는 아이들(출처-Unsplash @Phillippa Rose)

● 수구 경기를 하는 아이들(출처-Unsplash @Phillippa Rose)

아이들의 방과 후 일상

학교 활동이 끝난 후 아이들의 일과는 사는 곳에 따라 많이 다르다. 교육열이 높은 동네에 사는 아이들은 학교가 끝나면 간식을 먹고 숙제를 한다. 친구들끼리 모여 학교 프로젝트를 하는 경우도 많다. 좋은 학교일수록 학부모들도 다른 부모와 아이들과의 교류를 중요하게 여기기 때문에 아이들을 만나게 하는 데 호의적이다.

이곳에 사는 아이들은 주말이면 가족이나 친구와 시간을 보낸다. 친구들과 새로 나온 영화를 보거나 해변에 모여 수영을 하고 간식을 먹는다. 고등학생들은 여럿이 모여 등산을 가기도 한다. 주말에 열리는 시장에 가서 맛있는 음식을 먹거나 가족끼리 여행을 떠나 단란한 시간을 보내고 오기도 한다.

그러나 타운십과 같은 지역에 사는 아이들의 일과는 다르다. 그들은 아침부터 들리는 총성을 뒤로하고 차를 타거나 걸어서 학교에 간다. 갱들끼리 대립이 있는 날이면 정말로 바람을 가르는 총알을 피해 등하굣길에 오르는 아이도 많다. 이 아이들이 다니는 학교는 교육열이 높은 학교만큼 방과 후 활동이 다양하지 않다.

학교가 끝나 집에 와도 엄마나 엄마 대신 아이를 맡아 키우는 이모는 대개 밖에서 일하느라 집에 없다. 아이는 친구들과 밖에서 놀거나 친구 집에 놀러간다. 이 과정에서 담배는 물론

대마를 비롯한 각종 약물에 노출되기도 한다. 조금 나이가 찬 아이들은 어른들의 범죄에 가담하여 탈선하는 경우도 많다.

가끔은 보호자의 허락을 얻어 쇼핑몰에 놀러가거나 외식을 하기 하고, 타운십에 살고 있더라도 학교 지도에 잘 따르는 아이들은 정부와 제도의 혜택을 받아 최상위권 대학에 들어갈 수 있지만 대부분은 전문대라도 가면 성공한 것이다.

수준 높은 교육과 그 이면

교육 커리큘럼

남아프리카공화국의 교육은 기초 교육과 고등 교육으로 나뉘는데 이 중 1~12학년에 속하는 기초 교육은 1~6학년 초등학교와 7~12학년 고등학교로 나뉜다. 한국과 달리 중학교라는 개념이 없다. 1~9학년은 필수 교육이며, 고등학교에서도 10~12학년은 대입에 집중하는데 이 세 학년만 구성해 공부시키는 고등학교를 컬리지라고 부른다.

기초 단계라고 부르는 첫 3년 동안 학생들은 모국어, 제2외국어, 수학 같은 기본 과목을 배우며 매주 최대 25시간을 교실에서 보낸다. 4~6학년이 다니는 중급 단계에서는 모국어, 제2외국어, 수학, 과학 및 기술, 사회, 생물을 배우며 매주 27.5시간을 교실에서 보낸다. 한국에 비하면 학교에서 보내는 시간이 적은 편이다. 여기서 모국어란 아프리칸스어, 프랑스어, 히브리어, 독일어 등 학생이 속한 공동체에 따라 등록된 학교마다 달라지는 지정 모국어이다.

7~12학년으로 이루어진 고등학교에서는 중급 단계와 같이 매주 27.5시간씩 수업을 듣는다. 경제 및 경영, 가정, 미술 및 문화 등 조금 더 세분화된 과목을 들을 수 있고, 10~12학년에는 대입을 준비하여 희망 전공에 따라 원하는 과목을 골라 듣기도 한다.

한국을 포함한 선진 국가와 마찬가지로 남아프리카공화국에서도 최근 ICT 과목을 포함해 CAT(컴퓨터 적용 기술) 및 IT(정보 기술) 과목을 통해 하드웨어와 소프트웨어 및 프로그래밍 언어를 가르치고 있다. 12학년 끝에는 한국의 수학능력시험과 같은 '매트릭*Matric*' 시험을 친다. 이 시험 점수로 입시 결과가 결정된다.

고등학교를 졸업하고 대학 입학 전 학생이 갭이어*Gap Year*를 통해 잠시 쉬며 사회 경험을 하거나 여행을 가기도 한다.

남아프리카공화국 학교의 특징

시골에 있는 대부분의 공립 학교는 아주 저렴한 교육비를 받고 있지만 중산층이 모여있는 지역에 위치한 학교의 연간 학비는 한국 돈으로 250~500만 원 정도이다. 학교와 지역에 따라 다르지만 한 해에 3,000만 원 가까이 드는 사립 학교도 여럿 있다.

영국 식민지였던 터라 남아프리카공화국의 교육은 영어를 가장 많이 사용하며● 많은 부분 영국의 교육 시스템과 닮아있다. 좋은 환경과 다양한 경험을 할 수 있기에 생각보다 많은 한국 사람이 유학을 고려하는 곳이기도 하다.

전국에서 손에 꼽히는 최상위 학교가 아니더라도 도심과 근접한 곳에 있는 학교라면 평균적인 한국 학교보다 영어는 물론 스포츠, 미술, 음악 같은 분야에서 다양한 경험을 쌓을 수 있다. 공부를 목적으로 유학 오는 한국 학생은 어느 정도 수준을 갖춘 학교로 들어가기에 교육의 질에 대한 걱정을 하지 않아도 된다. 고등학교까지는 현지에서 다니고 선진국에 있는 대학으로 진학하고자 하는 학생도 개도국의 경험을 살려 오히려 합격률을 높일 수 있다.

세계 어딜 가나 가장 유명한 학교가 제공하는 교육의 질은 비교적 평준화되어있다. 이런 학교는 대부분 세계적 기준을 고

● 대부분의 남아프리카공화국 사람의 모국어는 영어가 아니다. 이는 학생들이 제2외국어 또는 제3, 4외국어로 수학하고 있는 이유이다. 이 때문에 교과 과정을 충분히 습득하는 데 어려움이 생기기도 하는데 영어 사용도가 낮은 시골 지역에서 특히 큰 문제이며, 학생들이 대학에 진학하거나 사회에 나가 일하는 데도 걸림돌이 된다.

● 힐튼칼리지에서 크리켓 경기를 하는 학생들(출처-hiltoncollege.com)

려해서 커리큘럼과 방과 후 활동을 마련하고 명성만큼이나 학부모 또한 대부분 높은 사회 경제적 지위를 가지고 있다. 이런 초등학교와 고등학교의 학비는 웬만한 남아프리카공화국 대학의 외국인 학생 학비보다도 비싸지만 교육의 질과 인맥 형성을 위해 부모는 기꺼이 비싼 수업료를 부담한다.

좋은 학교에 다니는 아이는 어렵지 않게 최상위 대학에 입학할 수 있다. 건축이나 순수 미술과 같이 포트폴리오를 필요로 하는 학과가 아니라면 평소 학교 성적과 매트릭 성적만으로 합격 여부가 결정된다. 다만 의대는 영주권자 또는 시민권자가 아니면 입학할 수 없다. 법학은 외국인도 전공할 수 있지만 변호사 시험을 볼 수 없기 때문에 영주권을 취득해야 한다.

교육과 기회의 불균형

유감스럽게도 이상적인 교육은 최상위 학교에만 해당되는 사항이다. 부유한 이들이 사는 동네와 빈민들이 거주하는 타운십이 불과 20~30분 내 거리에 있어 같은 도시에 있는 학교일지라도 교육의 질이 천차만별이다. 남아프리카공화국 교육의 고질적인 문제가 바로 여기에서 시작된다.

도시와 가까이 있지만 부유하지 않은 동네에 위치한 학교는 시설적인 면에서는 양호하나 교사의 수준이 떨어지는 경우가 많다. 또 교사에게 할당된 업무가 너무 많아 교사가 수업을 제대로 진행할 수 없을 뿐더러 학생들을 제대로 이끌지 못해 교실 분위기가 어수선한 경우가 많다. 정부는 2020~2021년 기준 3,872억 란드(한국 돈으로 약 30조 원)에 달하는 금액을 교육에 쏟아 넣고 있지만 정작 가난한 학생들에게까지 제대로 된 혜택이 닿지 않고 있다.

시골에는 학교에 가야만 밥을 먹을 수 있는 결식 아동이 많다. 그마저도 아이에게 식기조차 제대로 챙겨주기 힘들어 자 같은 학용품으로 밥을 떠먹기도 한다. 시골에 있는 학교는 화장실과 같은 기본 시설도 제대로 갖추지 못한 곳도 많다. 땅을 파서 화장실로 사용하는 곳도 꽤 많은데 2018년에는 학생 두 명이 빠져 죽는 사고가 일어나 교육 시설 마련에 대한 경각심을 불러일으키기도 했다.

● 타운십에 있는 어린이집(출처-@전예지)

시골에 사는 아이들 대부분은 16세가 되기 전에 학교를 그
만두며 일을 찾아 도시로 나오지만 도시에서는 12학년까지 꼬
박 마친 사람도 교육 수준이 낮아 일자리를 구하기 어렵다. 변
변찮은 일자리 없이 도시 빈민촌으로 흘러 들어간 사람들은 다
시 가난과 폭력에 노출되고 범죄를 통해 먹을 것을 구할 돈을
얻고 술과 마약을 한다.

빈민촌 아이들은 지속적으로 불우한 환경에 노출되어있다.
그 결과 이곳 아이들은 탈선이 잦고 심지어는 자살까지도 빈
번해 아이들의 주변인과 이들을 도우려는 사람들까지 정신적
인 고통을 호소하기도 한다. 이처럼 기회의 불평등은 또 다른
세대의 기회를 앗아가고 결국 더 많은 사람이 불평등 속에서

살게 한다.

좋은 학교와 안 좋은 학교를 한눈에 구별하는 기준이 백인 학생의 비율이라는 현실이 쓰라리다. 차별의 시대는 30년 전에 무너졌지만 그 실수가 낳은 인종 간 사회 경제적 차이는 아직도 분명하게 남아있다. 남아프리카공화국에서 손에 꼽히는 학교나 대학에 입학하는 아이 중 많은 수가 백인이거나 풍족한 환경에서 자란 아이들이다. 이는 80퍼센트가 흑인인 남아프리카공화국의 인종 비율과는 전혀 다른 수치이다.

과거 차별 정책이 야기한 기회 불평등을 고려하여 대학 측에서는 인종 및 지역별 특별 대우 정책을 통해 입학 허가를 내고, 흑인 또는 다른 유색인, 시골 또는 빈민촌에서 오는 아이들은 추가 입학 점수를 받지만 신입생 중 유색인의 수를 전 국민 인종 비율에 맞추기에는 역부족이다.

부유한 배경을 지닌 아이들도 졸업이 쉽지 않을 정도로 대학 과정이 어렵기 때문에 불우한 지역에서 온 학생들을 특별 입학시키더라도 이들이 제대로 졸업해 사회로 나갈 확률은 비교적 낮다. 그렇다고 학생 수준에 맞추어 대학의 교과 과정을 바꿀 수도 없는 일이다. 현재 남아프리카공화국 내 흑인 대학생은 전체의 4분의 1밖에 되지 않으며 그중 다수가 성적 기준에 도달하지 못해 퇴학이나 전학, 또는 아예 중퇴를 한다.

어디를 가도 가난과 불평등이 분명히 보이지만 뾰족한 해결책을 찾을 수 없는 현실 속에서 교육 기관은 사람과 교육 그리고 시간이라는 해결책에 집중한다. 우선 대학에 입학한 학생이 졸업하고 사회에 나가기까지 이들에게 남아프리카공화국 전체를 이끌어가야 한다는 책임감을 심어주려고 노력하며 대부분의 학과에서 직간접적으로 가난과 불평등 문제를 다루어 함께 고민하고 해결책을 찾도록 유도하고 있다.

대학은 끊임없이 정부와 긴밀하게 연관해서 일하며 이에 대한 크고 작은 해결책을 찾고 있다. 정부와 대학의 공통된 목표는 하나이다. 바로 기회를 빼앗긴 사람들에게 정당한 기회를 돌려주고 과거보다 더 나은 미래를 만드는 것.

남부 아프리카를 선도하는 경제 국가

남아프리카공화국의 경제 구조

6,000달러 수준인 남아프리카공화국의 인당 GDP는 사하라 이남 아프리카 국가 중 7위로, 상당히 높은 편이다. 남부 아프리카를 선도하는 경제 국가인 만큼 경제 구조가 매우 발달되어 있다. 석탄과 다이아몬드 등 천연자원이 풍부하지만 GDP의 67.5퍼센트는 서비스 산업이 차지하고 있다. 제조업과 농업은 각각 29.7퍼센트와 2.8퍼센트를 차지한다.

노동 인구도 71.9퍼센트가 서비스업에, 23.5퍼센트가 제조업에, 4.6퍼센트가 농업에 종사한다. 대표적인 서비스업으로는 정부 서비스, 도소매업, 금융 및 보험, 비즈니스 서비스 등이 있다.

수출입 활동

남아프리카공화국에서 수출하는 품목은 대부분 공정이 추가로 필요한 원자재로 금, 백금, 석탄, 다이아몬드 등의 천연자원이 여기에 속한다. 제조업에서는 해외 대기업 자동차 및 부품 제조가 큰 부분을 차지하고, 한국에서도 볼 수 있는 자몽과 귤, 오렌지 같은 시트러스계 과일과 포도, 와인 같은 농산품도 대표 수출 품목이다.

수입 품목으로는 이곳 사람들이 일상적으로 많이 쓰는 물품이 대부분을 차지한다. 컴퓨터나 기계 시설을 비롯해 화학 물질, 석유, 식품까지 수입된다.

인터넷

남아프리카공화국의 인터넷 보급률은 68.2퍼센트*로 아프리카에서 가장 높은 수준이고 인터넷 사용의 95퍼센트가 모바일에서 이루어진다. 인구가 많은 도시가 아닌 곳은 유선 연결을 위한 인프라가 많이 부족하다. 타운십과 같이 명확한 주소가 없는 곳에 사는 사람은 인터넷 설치가 어려운 환경이다.

● 세계은행(2019년 기준)

2002년 처음 ADSL이 보급되었을 때는 512kbps 속도 인터넷을 680란드(2022년 2월 환율로 약 5만 3,000원)에 사용했지만 지금은 비슷한 가격에 20Mbps 속도로 무제한 인터넷을 즐길 수 있을 만큼 인터넷 사용료가 저렴해졌다. 인터넷 접근성도 불과 10년 전만 해도 다이얼 업● 형식을 통해 한 달에 1~3기가에 불과한 양을 사용하던 것에 비하면 매우 양호한 환경이 되었다.

여전히 남아있는 사회적 불평등

지니 계수가 0.62에 달하는 남아프리카공화국. 과거에 행해졌던 사회적 불평등은 인종에 따라 경제적 능력까지 나누었다. 남아프리카공화국 통계청에 따르면 2019년 전체 실업률은 29.1퍼센트에 달했는데 이는 세계에서 가장 높은 수준이다.

대졸자 중 78퍼센트가 고용되는 반면 고졸자는 51퍼센트만 고용 상태였다. 15~34세 청년의 실업률은 41퍼센트에 달해 매우 심각한 수준이다. 15~24세 청년의 경우 고졸자의 55퍼센트, 대졸자의 31퍼센트가 실업 상태●이다. 실업 상태인 사람 중 약

● 전화선을 통한 인터넷 연결 방식으로, 컴퓨터 상에서 인터넷 제공 업체의 전화번호에 전화를 걸어 인터넷에 연결한다. ADSL보다 오래된 방식이다.
● 실업 상태란 고용되지 않은 상태이나 일을 할 수 있고 능동적으로 고용 기회를 찾는 상태이다. (출처-남아프리카공화국 통계청)

89퍼센트가 흑인인 것을 감안하면 사회 경제적 불평등이 얼마나 심한지 알 수 있다.

비공식 경제

남아프리카공화국에서는 길거리 상인, 세차 서비스를 제공하는 사람, 집을 청소해주는 도우미, 직접 공예품을 만들어 파는 소상공인, 남아프리카공화국 경제가 굴러가도록 교통 서비스를 제공하는 콤비 택시 종사자처럼 공식적으로 정부에 등록하지 않고 고도의 기술이 필요하지 않은 업종을 운영하는 사람들의 경제 활동을 '비공식 경제'라고 한다.

특히 콤비 택시 업계는 하루 1,500만 명을 실어 나를 정도로 엄청난 규모를 자랑하며 남아프리카공화국에서 가장 큰 교통업이지만 아직까지 많은 부분 비공식 경제에 속해있다.

과거 유색인이 백인 거주 지역에 사는 것은 법적으로 금지되었는데 그렇다고 유색인이 직접 대중교통 차편을 운영하려면 허가받기가 어려웠기 때문에 미허가 상태로 돈을 받고 택시 운영을 시작한 것이 콤비 택시의 기원이다. 지금도 대부분의 업체가 흑인 소유이며, 거의 흑인이 이용하고 있다.

버스나 리무진, 기차는 도착 시간이 불분명하고, 큰길까지만 이용할 수 있어 남아프리카공화국 사람들은 자주 지나다니고 집에서 가까운 골목까지 데려다주는 콤비 택시를 많이 이용한다. 이 업계에는 갱의 영향력이 크게 미치며 가장 이익이 많이 나는 장거리 경로를 두고 갱들끼리 잦은 싸움이 일어난다.

비공식 경제는 보이지 않는 곳에서 남아프리카공화국 경제 활동의 상당 부분을 차지하며 저소득층의 생계를 책임지고 있다. 2020년 기준 23.7퍼센트로 추정되는 남아프리카공화국의 비공식 경제는 다른 개도국에 비해 낮은 비율을 보이지만 교육 수준이 낮고 공식적으로 일을 구할 수 없는 내국인과 불법 이민자 모두에게 가난에서 벗어날 수 있는 기회를 마련해준다.

하지만 공식적인 기록이 없기 때문에 법의 보호와 정부의 지원을 받을 수 없어 위험에 노출되거나 기회를 놓치게 되는 문제가 있다. 이 때문에 정부는 비공식 경제의 공식화를 위해 노력을 기울이고 있다.

인기 직업과 미래 산업

10년 전 남아프리카공화국의 선호 직업은 여러 확률을 계산해 보험상품의 뼈대를 만드는 보험 설계업이나 다국적 회계 법인에 취업이 쉬운 회계업, 다양한 분야로 전향이 쉬운 엔지니어링 쪽이 높았다. 그러나 그 어느 때보다도 기술이 세계를 이끄는 지금, 남아프리카공화국도 가장 촉망받는 직업의 많은 부분이 바뀌었다.

먼저 소프트웨어 엔지니어, 데이터베이스 디자이너, 네트워크 분석가, 보안 전문가 등 IT업계 엔지니어는 언제 어디서라도 직장을 구할 수 있을 만큼 구직 여건이 좋아졌다. 수요는 높으나 공급이 적어 다른 직장의 평균 임금과 비교하면 프리미엄이 꽤나 높은 편이다. 엔지니어로서의 스킬을 가지고 경영 매니지먼트까지 겸하면 7~8년차에도 다른 직종의 15년차 이상의 임금을 벌 수 있다.

다른 나라에서처럼 매니지먼트 직급 또한 인기를 누리고 있다. 중견급 매니저로서 인적 자산과 사내 시스템을 두루 관리하면서도 시장에 빠르게 반응할 수 있는 사람에 대한 수요가 높아진 것이다. 특히 코로나19 팬데믹으로 '뉴노멀' 업무 환경에 접어들면서 이에 대한 수요가 더 높아질 것으로 전망된다.

다른 개도국과 같이 두뇌 유출로 골머리를 앓는 남아프리카공화국 정부는 국가의 미래를 위해 필요한 직업군을 선정해 워크 비자와 영주권 취득 특혜를 주고 있다. 이에 포함된 직업으로는 정책 및 기획 매니저, R&D 매니저, 엔지니어링 매니저, 데이터 매니지먼트 매니저, 앱 개발 매니저, 산업 및 토목 엔지니어, 건축가, 디지털 아티스트, 웹 디자이너, 간호사, 약사, 의사, 여행사 매니저, 지질학자, 수문학자*, 대학 교수 등이 있다.

---

* 물의 순환을 중심 개념으로 하여 물의 존재 상태, 순환, 분포, 물리적·화학적 성질 등

알록달록 예쁜 남아프리카공화국 화폐

남아프리카공화국의 화폐는 몇 년 전 한국에서도 예쁜 화폐 순위에 올랐을 정도로 알록달록 재미있는 모습을 하고 있다.

'란드' 또는 '랜드'라고 부르고 'Rand', 'R' 또는 'ZAR'로 표기하는 남아프리카공화국 화폐는 금이 많아 대규모 골드러시까지 일으켰던 비트바터스랜드라는 지명에서 유래된 이름이다. 란드는 남아프리카공화국뿐 아니라 나미비아 및 에스와티니, 레소토에서도 공용 통화로 함께 쓰인다.

● 화폐 속 동물은 남아프리카공화국 대표 야생 동물인 빅5(사자, 표범, 코끼리, 코뿔소, 버팔로)
이다.(출처-South Africa Today)

을 연구하는 학자

다양한 종교
자유로운 신앙생활

다양성을 존중하는 남아프리카공화국은 종교적 자유를 허용하고 있다. 이곳에서 가장 신자가 많은 종교는 기독교이며, 그 다음으로는 이슬람교, 힌두교, 토속 신앙 등이 있다. 순수 토속 신앙이 5퍼센트, 이슬람교가 2퍼센트를 차지하며 이외에도 힌두교나 유대교 등 다른 종교도 존재한다.

대부분의 종교는 유럽인이 이민을 오면서 유입되었는데 많은 부분 이 과정에서 토속 신앙과 섞였다. 특히 기독교에 많이 섞여있는데 토속 신앙 문화가 짙은 지역의 예배와 신앙을 살펴보면 더 잘 느낄 수 있다.

기독교

네덜란드동인도회사가 케이프타운을 무역로로 사용했던 1652년부터 유입된 기독교는 남아프리카공화국에서 가장 역사가 깊은 종교이다. 이후 유럽인의 후손이 지속적으로 정권을 쥐어왔기에 수백 년간 국가 시스템은 기독교를 기반으로 만들어졌다.

유럽인은 기독교를 통해 아프리카인이 그들의 문화에 융합되도록 했고 유럽인이 만든 사회 시스템과 연결된 아프리카인은 공동체 기반인 그들의 인프라를 통해 빠른 속도로 기독교를 받아들였다. 이후 아프리카인은 기독교를 기존의 토속 신앙과 융합시켰고 유럽 선교사가 가져온 종교를 수동적으로 받아들이는 것이 아닌 아프리카인의 기독교를 주도적으로 이어가고자 '아프리카독립교회'를 세웠다. 이런 연유로 남아프리카공화국의 기독교는 다양한 종교의 믿음을 동시에 받아들이는 종교적 복수성이 짙은 편이다.

남아프리카공화국 종교의 약 80퍼센트를 차지하는 기독교는 개혁 교회, 성공회, 침례교, 루터란, 개신교, 아프리카독립교회 등 많은 종파로 나뉘는데 기독교를 믿는 사람 중 절반이 아프리카독립교회 종파에 속해있다.

이슬람교

남아프리카공화국의 이슬람교는 1600년대 말레이 사람이 이주하면서 유입되었다. 동양의 정치범 또는 범죄자들을 남아프리카공화국으로 데리고 와 노동을 시킨 것인데 이들이 처음 이주했을 때는 기독교를 제외한 다른 종교가 허용되지 않아 공개적으로 이슬람교를 믿을 수 없었다고 한다.

현재 남아프리카공화국에는 55만여 명의 무슬림이 거주하고 있으며 이 중 많은 이가 케이프타운, 더반 등 해안선을 따라 살고 있다.

토속 신앙

국민 대부분이 반투계인 남아프리카공화국에서 토속 신앙은 이들 고유의 문화와 함께 구전을 통해 이어져 왔다. 구전으로 어른에게서 아이에게로 전해 내려온 이들의 문화는 개인보다는 공동체 중심의 삶이 주가 되기 때문에 공동체를 떠나는 것은 때에 따라 죽음보다 더한 무게로 다가온다.

그렇기 때문에 조상의 영혼이 오늘날의 사람들에게 미치는 영향력을 중요하게 생각하고 결혼, 출산, 장례 등 인생의 중요한 시점에 조상을 기리고 이들에게 기도한다. 궁극적인 신의 존재를 믿지만 인간 신분으로는 직접 섬길 자격이 없다고 믿기 때문에 전염병이 돌거나 가뭄이 발생하면 조상을 통해 신과 소통한다.

이들에게는 '힐러'라고 부르는 영적 리더가 있는데 '미스틱' 또는 '상고마'라고 부르기도 한다. 조상의 선택을 받아 온갖 수련을 거쳐 힐러의 자리에 오른 이는 공동체에 영적·종교적 조언을 하고 때로는 아픈 곳을 치료하기도 한다. 남아프리카공화국의 토속 신앙은 우리나라의 토속 신앙과 많은 부분 닮아있다.

남아프리카공화국 대표 스포츠

럭비

귀엽고 우아한 스프링복은 남아프리카공화국에서 쉽게 볼 수 있는 캐릭터이다. 스포츠 펍은 물론이고 마트에 가서 슬리퍼를 사거나 캠핑용품점에서 간이 의자를 사러 가도 초록색 배경의 스

● 남아프리카공화국 럭비 팀 마스코트인 스프링복

프링복은 어딜 가나 눈에 띈다. 남아프리카공화국 사람들이 열광하는 럭비 국가 대표 팀의 마스코트이기 때문이다.

현재 '월드 챔피언'의 타이틀을 가지고 있는 럭비는 골프와 함께 남아프리카공화국 사람들이 두각을 나타내는 스포츠이다. 19세기 중반 아프리칸스인과 영국인이 공식 경기를 치르면서 시작되었고 19세기 후반부터는 흑인 사회에서도 럭비를 받아들여 즐겼다. 곧이어 컬러드인 또한 협회를 만들어 흑인 팀과 지역 경기를 즐겼다. 백인은 백인 전용 럭비협회를 만들어 이들과 분리하고자 했다.

스프링복 마스코트는 당시 아프리칸스인의 민족주의와 정치를 나타내는 상징이었다. 백인 우월주의가 심했던 시절 남아프리카공화국 정부는 뉴질랜드 럭비 팀에 마오리족 선수를 제외할 것을 요구했고 이에 화가 난 뉴질랜드 럭비 팀은 남아프리카공화국 투어를 취소하기까지 했다.

하지만 나이와 성별을 막론하고 사람들은 경기를 보기 위해 한 장소에 모였다. 백인 사이에서도 아프리칸스인과 영국인 간의 갈등이 심했지만 같은 럭비 팀이었던 그들은 어쩔 수 없이 단합해야 했고, 다양한 인종으로 이루어진 팀의 경기를 보러온 수많은 피부색의 관중도 함께 응원하며 사회적인 교류를 이어갔다.

민주주의 사회가 막을 올리자 넬슨 만델라는 '아프리칸스인의 스포츠'였던 럭비를 모두의 스포츠로 탈바꿈시켰다. '하나의 팀, 하나의 국가' 캠페인을 선두로 넬슨 만델라는 1995년 럭비 월드컵에서 아프리칸스인과 유색인의 화합을 도모했고,

피부색을 막론하고 모든 사람이 월드컵 내내 모두를 위한 새로운 국가의 국기를 펄럭이며 대표 팀을 응원했다. 1995년 럭비 월드컵을 통해 오랫동안 아프리칸스인의 전유물이었던 스프링복은 새로운 가치를 찾고 모든 남아프리카공화국 사람이 자랑스러워하는 국가 대표 팀의 마스코트가 되었다.

지금은 다양한 인종이 하나가 되어 경기를 펼치는 스프링복 팀은 2019년 일본 럭비 월드컵에서 우승해 세계 챔피언이 되었다. 당시 결승에서 팀이 승리를 거두자 전국의 수많은 사람이 거리로 나와 방방 뛰며 응원가를 불렀다.

럭비를 후원하는 현지 삼성전자는 남아프리카공화국 대표 온라인 몰 테이크어랏*Takealot*과 파트너십을 이루어 스프링복 팀이 우승 시 삼성전자의 일부 TV 모델을 구매한 사람들에게 TV 가격 전액을 환불해주는 이벤트를 진행했고 팀이 우승하자 약 400대의 TV를 무료로 나눠준 일화도 있다.

크리켓

남아프리카공화국에서 럭비와 어깨를 나란히 할 만큼 인기 있는 스포츠는 크리켓이다. 이 또한 영국인을 통해 남아프리카공화국에 들어왔다. 남아프리카공화국에서 크리켓은 1843년에 첫 크리켓클럽이 설립되었을 만큼 역사가 깊은 스포츠이다.

1888년 도날드 커리Donald Currie 경이 처음 영국 팀을 초청해 커리컵 경기를 했는데 이 경기로 인해 크리켓이 남아프리카공화국에 자리 잡게 되었고 이후 지역별로 팀을 만들어 100여 년간 경기가 이어져왔다.

크리켓 팀 프로티아는 과거에 오스트레일리아, 뉴질랜드, 영국하고만 경기를 했는데 1900년대 말 아파르트헤이트 시행으로 컬러드인 선수 바실 돌리베이라Basil D'Oliveira의 경기 참여를 금지시키자 그는 돌연 영국으로 떠나버렸다. 이에 다른 스포츠와 같이 크리켓 또한 세계로부터 21년 동안 고립되었다가 1991년이 되어서야 세계 크리켓 대회에 다시 참여할 수 있었고 1992년 월드컵에 데뷔하면서 준결승까지 진출했다.

남아프리카공화국 크리켓 팀은 2007년과 2015년 월드컵에서도 준결승까지 진출했으며 세계 랭킹 1위에도 여러 번 오를만큼 강력하다.

축구

남아프리카공화국에서도 큰 인기를 끌고 있는 축구는 19세기 중반 남아프리카공화국으로 온 영국군이 여가 시간에 축구를 즐기면서 전해졌다. 인종 간의 구분이 심했던 시절 축구는 대외적으로는 백인들의 스포츠였고, 국내에서는 인종별로 다른 협회를 꾸려 인종끼리 또는 인종 간의 경기가 마련되었다.

아파르트헤이트가 시행되던 1953년에는 FIFA 집행위원회에 권한을 부여받기도 했으나 소웨토 항쟁 이후 국제 사회에서 고립되어 1976년부터 1992년까지 제명당한 이력이 있다. 하지만 민주주의를 표방한 새로운 사회가 출연하면서 다양한 인종이 어우러진 새로운 축구협회가 설립되었고 FIFA에 다시 가입한 이후에는 관련 인프라도 최고 수준으로 마련했다.

우리 기억에 남아있는 2010년 남아프리카공화국 월드컵은 아프리카 지역에서 개최된 최초의 월드컵이다. 다양한 피부색을 가진 수만 명의 사람이 다 함께 발을 구르며 불었던 부부젤라 소리가 아직까지도 선명하다.

남아프리카공화국의 축구 국가 대표 팀은 줄루어로 '남자아이'라는 뜻을 지닌 남성 팀 '바파나 바파나'와 '여자아이'라는 뜻을 지닌 여성 팀 '바야나 바야나'가 있다.

자연과 함께하는
여가 생활

브라이

남아프리카공화국에서는 금요일 또는 토요일 밤이면 어김없이 어디선가 장작을 태우는 냄새가 난다. 주말이니 가족끼리 또는 지인과 함께 모여 직화로 고기를 굽는 브라이를 하는 것이다. 최대한 빨리 불을 피워 고기부터 먼저 구워 먹는 한국식 바비큐와는 사뭇 다르다.

사람들은 7시에 모이자고 하면 8시쯤 되어야 모두 한자리에 모이고, 그러면 그때서야 천천히 불을 피운다. 고기를 제대로 구우려면 장작 또는 숯이 반 정도 타서 하얗게 변해야 하므로 불이 붙으면 20분 정도를 이야기하면서 식재료를 다듬거나 테이블을 세팅하며 시간을 보낸다. 불이 준비되면 고기와 채소를 올리기 시작하고 음식이 다 구워지면 와인이나 음료와 함께 저녁식사를 한다.

사람들이 직화로 굽는 브라이를 많이 하기 때문에 시골의 작은 마트나 주유소에서도 숯과 장작, 파이어라이터 등 불 피우는 도구를 쉽게 구할 수 있다. 아파트도 대부분 발코니에서 불을 피울 수 있도록 허용하고 있으며 캠핑장이나 체험 농장에서뿐 아니라 일부 국립 공원에도 브라이 시설이 갖춰져있거나 불 피우는 것을 허용하고 있다.

남아프리카공화국 사람에게 브라이는 그저 음식에만 그치지 않는다. 브라이는 인종을 떠나 모든 사람이 공유하는 문화로 소중한 사람들과 함께 기억에 남을 시간을 보내게 하는 마치 '고향' 같은 경험이다.

플리 마켓

커뮤니티 활동이 활발한 곳에서는 봄부터 가을까지 수많은 플리 마켓이 열린다. 주로 주말에 열리는 플리 마켓은 농산품부터 액세서리, 의류, 미술품, 골동품 등을 파는 다양한 소상공인이 모여 라이브 음악과 함께 맛있는 수제 음식을 먹으며 즐거운 시간을 보내는 곳이다.

● 주말 나들이 장소로 즐겨 찾는 플리 마켓

● 다양한 물건을 살 수 있는 플리 마켓

가장 유명한 플리 마켓에는 발 디딜 틈이 없을 정도로 사람이 많이 모인다. 한여름에는 가기 꺼려질 정도이다. 하지만 사람이 많이 모이는 만큼 전통 음식은 물론 그리스, 태국, 스페인 음식 등 세계 각지의 먹거리와 수제 잼, 퍼지, 도넛, 젤라또 등 다양한 디저트를 맛볼 수 있다. 또한 플리 마켓은 홍보에도 효과가 좋아 6개월에서 1년까지도 기다려야 예약할 수 있는 유명 레스토랑에서 팝업형으로 참여하기도 한다. 현지 소상공인 또는 브랜드가 많이 참여하는 곳으로 여러 면모를 만나볼 수 있다.

플리 마켓에 가면 쇼핑센터에서는 경험할 수 없는 친근한 북적임이 있어 기분이 좋아진다. 날씨가 좋은 날 이곳에 가면 다양한 사람과 반려견을 만날 수 있고 한 번도 본 적 없는 사람과도 친근하게 대화를 나누고 생각을 공유할 수 있다. 익숙하지 않은 음식도 먹어보고 새로운 물건도 발견하며 특별한 아이디어를 얻을 수 있다.

와이너리

끼니마다 한 잔씩 마시는 것이 평소 일과이기에 와인은 남아프리카공화국에서 반은 주류로, 반은 단순 음료로 받아들여진다. 거의 모든 레스토랑에 다양한 와인을 소개하는 주류 메뉴가 따로 구비되어있고 저녁식사에 와인 한 잔을 곁들이는 정도로는 웬만해선 운전 걱정을 하지 않는다.

남아프리카공화국에서 와인 문화가 일상적으로 자리 잡은 이유는 웨스턴케이프주의 특산물이 와인이기 때문이다. 지중해성 기후와 많은 언덕이 있는 웨스턴케이프주는 포도나무가 자라기에 아주 적합한 환경을 갖고 있다.

와인 농장은 케이프 와인 루트가 있는 스텔렌보시를 시작으로 주 전역 많은 곳에 분포되어있고 농장마다 고유의 브랜드와 맛을 자랑한다. 특히 많은 와인 농장에서 키우고 있는 피뇨타지 품종은 이곳에서 개발된 남아프리카공화국 고유의 품종으로 약간 톡 쏘는 듯한 드라이한 맛이 특징이다.

특히 날씨가 좋은 케이프타운에서의 와이너리 투어는 남아프리카공화국 사람들의 일상적인 여가 생활이다. 와인 수요가 큰 만큼 사람의 왕래가 잦아 와인 농장도 와인 생산에만 치중하지는 않는다. 피크닉 공간을 마련해 다양한 고객층을 대상으로 서비스를 제공하고 있다. 멋진 경치를 볼 수 있는 고급 다이닝 레스토랑과 겸하는 곳, 넓고 푸른 야외 공간에 웨딩 서비스를 제공하는 곳, 호텔을 운영하며 스파 서비스까지 제공하는 곳 등 각종 서비스가 준비되어 있다. 이 중 다양한 포도 품종으로 만든 와인 아이스크림을 와인과 곁들어 시음할 수 있도록 한 서비스는 사람들에게 인기가 좋다.

와인 수요를 충족하는 데는 큰 자본이 필요한 만큼 농장주

● 스텔렌보시 지역의 스타크 콘데 와이너리

● 와이너리 투어를 하는 사람들

는 높은 경제력을 가지고 있고 남아프리카공화국에서 농장은 부의 상징으로 여겨진다.

최근 한국에서도 남아프리카공화국산 와인을 만날 수 있지만 물리적 거리가 먼데다 아직 한국 대상 무역량이 많지 않아 가격 대비 좋은 와인을 구하기는 어렵다.

등산

어려서부터 다양한 스포츠를 즐기는 남아프리카공화국의 도시 사람들은 주말이면 아름다운 자연을 만끽하러 집을 나선다. 자연에서 할 수 있는 가장 보편적인 활동은 등산이다.

사람이 많이 다니는 산에서는 평일에도 이른 아침 운동을 하러 온 등산객을 쉽게 만날 수 있다. 주말에는 가족이나 지인과 함께 산을 오르는 사람들과 등산 동호회에 가입해 무리를 지어 산에 오르는 사람들로 북적하다.

무리를 지어 등산하는 것은 안전 때문이기도 하지만 새로운 사람을 만날 수 있는 장이 되기 때문이다. 치안이 비교적 안전한 지역에 사는 젊은 백인 남자들은 집 주변 산에 올라 며칠간 야영을 하기도 한다.

딸기, 블루베리, 체리 농
장에서는 가족끼리 농장 체
험이나 캠핑을 할 수 있다.
주로 여름에 입장료를 내
고 들어가 마음껏 열매를
따서 먹으며 즐기다 온다.

체험 농장에서는 돗자
리나 텐트를 설치할 수 있
는 공간을 마련해 방문객
이 편하게 쉬거나 놀 수
있도록 편의를 제공하고

● 스웰렌담 지역 농장에서 베리따기 체험을
하는 방문객(출처-theberryguestfarm.com)

있다. 시냇물이 흐르는 곳도 많아서 물놀이를 할 수 있고 브라
이 시설이나 불을 피울 수 있는 구역을 마련해놓아 고기를 구
워먹을 수도 있다. 숙박 시설이나 캠핑장을 함께 운영하는 곳도
많아 여러 날 묵고 갈 수도 있다.

바다를 끼고 있는 케이프타운과 그 주변에는 수없이 많은

해변이 있어 저녁이면 강아지, 아이부터 지팡이 짚은 노인까지 산책하는 사람을 쉽게 볼 수 있다. 남쪽의 따뜻한 바다에서는 수영복이나 가벼운 복장으로 물에서 놀기도 하고, 서쪽의 찬 바다에서는 뜨거운 모래 위에서 선탠을 하기도 한다.

바람이 거센 날 서쪽 해변에 가면 카이트서퍼들이 바람을 따라 파도를 가르고 있다. 또 파도가 높은 날에는 남쪽 해변으로 파도를 타는 서퍼들이 모인다.

바람 부는 날 해변에 가면 어김없이 모래를 뒤집어쓰기 때문에 바람이 없는 뜨거운 날이면 모두 입을 모아 '비치데이'라며 해변으로 놀러갈 계획을 세운다. 해변 같은 공공장소에서는 술 마시는 것이 금지되어있지만 사람이 적은 날이나 주택가와 맞닿은 프라이빗 해변에서는 샴페인이나 와인을 마시는 사람도 적지 않게 볼 수 있다.

골프

남아프리카공화국에서 골프는 우리나라의 탁구, 스쿼시, 축구와 같이 친근한 스포츠이다. 골프클럽에 가입하고 장비를 갖추는 데 약간의 노력과 비용이 필요하기 때문에 접근성이 아주 높은 스포츠는 아니지만 다른 나라에 비해 매우 저렴한 가격에 골프를 즐길 수 있다.

● 클리프턴 3rd 해변에서 해수욕을 즐기는 사람들(출처-Unsplash @Teddy Jansen)

● 케이프타운 메트로폴리탄 골프클럽(출처-Unplash @Alberto Di Maria)

450여 개의 골프장을 보유하고 있는 남아프리카공화국은 어느 도시에서나 잘 관리된 골프장이 있다. 반경 3킬로미터 내에 골프장이 여럿 있는 것이 놀랍지 않은 정도이다.

골프장에는 골프용품을 파는 상점과 사람들이 모여 쉴 수 있는 바와 레스토랑이 있다. 골프 이외에 다른 스포츠를 즐길 수 있도록 배드민턴, 스쿼시, 농구 시설이나 트랙까지 함께 갖춘 곳도 있다. 아이들도 어려서부터 부모와 함께 또는 학교 스포츠 팀이나 지역 동호회를 통해 골프를 즐기는 경우가 많다.

골프클럽 멤버십은 월 7~10만 원대로 이곳 기준으로 약간 비싼 헬스클럽 멤버십 가격과 비슷하다. 비교적 저렴한 가격에 즐길 수 있기 때문에 골프 산업은 다양한 골프 투어 상품을 만들어 더 많은 여행객을 끌어들이고 있다. 골프 투어를 사파리 투어나 와이너리 투어와 결합해 남아프리카공화국의 다양한 면모를 경험할 수 있는 상품도 있다.

남아프리카공화국은 일과 생활의 균형을 유지하기 쉬운 환경이다. 승마, 다이빙, 새 구경, 캠핑 등 다양한 활동을 할 수 있는 곳이 가까이 있어 조금만 둘러봐도 즐거운 취미를 많이 발견할 수 있다. 비록 한국보다는 덜 발달했고 새로운 기술을 접할 기회가 적지만 몸과 마음을 쉴 수 있는 여유가 있고 인간 중심적인 생활을 할 수 있는 매력적인 곳이다.

함께 생각하고 토론하기

남아프리카공화국에서 살아가는 매일은 한국과는 사뭇 다릅니다. 학생들은 공부도 열심히 하고 동아리 활동과 스포츠 같은 신체적 활동을 즐깁니다.

이들은 각기 다른 문화와 배경 그리고 다양한 모습을 갖습니다. 머리카락만 보아도 알 수 있습니다. 솜사탕 같은 아프로 머리도 있고, 곱슬기 많은 금발 머리도 있으며, 쭉 펴진 흑색 생머리도 있습니다. 또 단정하게 정리한 히잡을 쓴 학생도 있습니다. 이처럼 같은 학교를 다녀도 다양성을 띠며 다들 이를 익숙하게 생각합니다.

● 남아프리카공화국의 교육 과정과 학교생활에서 한국과 닮은 점을 찾아봅시다.

● ● 남아프리카공화국의 교육 환경 중 한국에도 접목되었으면 좋겠다고 생각하는 것과 한국의 교육 환경 중 남아프리카공화국에 접목시키면 좋을 것을 찾아봅시다.

남아프리카공화국에서는 아직까지 인종에 따라 사회적·경제적 배경과 능력에 많은 차이가 있습니다. 대부분의 아프리카계 흑인은 넉넉하지 않은 집안에서 나고 자라며 교육의 질이 낮은 학교에서 지원을 잘 받지 못합니다. 고등학교에 가면 학업을 그만두는 학생도 많습니다. 이런 학생들이 IT 컨설턴트나 의사, 사업가 등으로 성장할 가능성은 낮습니다.

남아프리카공화국 국민은 80퍼센트가 흑인인데, 좋은 학군지의 교육열 높은 학교에 다니는 학생을 보면 대부분 피부색이 밝습니다. 이들은 방과 후에는 학교 스포츠 팀 활동을 하며 체력을 단련하기도 하고 과외 선생님의 지도를 받으며 좋은 대학 입학과 선망 받는 직군에 가기 위해 필요한 기회를 제공받습니다.

같은 날, 같은 시간에 태어났더라도 잠재력을 펼칠 수 있는 다양한 기회를 활용할 수 있는 학생과 그럴 기회조차 주어지지 않는 학생이 성인이 되었을 때 사회적·경제적 능력이 비슷할 가능성은 아주 낮습니다.

● ● ● 한국은 다른 나라에 비해 인종 다양성이 적은 나라입니다. 한국에서 사회적 배경과 교육의 기회에서 차별받는 요인에는 어떤 것이 있는지 이야기해봅시다.

● ● ● ● 여기에서는 남아프리카공화국의 경제와 한국의 경제를 비교해보았습니다. 남아프리카공화국과 한국이 집중하는 경제 분야는 무엇이고, 각 나라에서 더 개발하고 투자하고자 하는 분야는 어떤 차이가 있을까요? 또 그 배경에 대해 이야기해봅시다.

3부

역사로 보는
남아프리카공화국

위기에 직면했을 때
어리석은 사람은 댐을 만들지만
지혜로운 사람은 다리를 만든다.

인류의 시작

1924년 남아프리카공화국 타웅 지역에서 오스트랄로피테쿠스 아프리카누스 타웅 아이*Taung Child*의 화석이 발견되었다. 인류의 시초의 연결점인 타웅 아이를 시작으로 스테르크폰테인, 스바르트크란스 등 주변 지역에서 많은 수의 인류 화석이 발견되기 시작했고 이곳은 1999년에 유네스코 세계 문화유산으로 지정되었다.

약 250만 년에서 15만 년 전 이들은 강이나 호숫가 또는 큰 돌 사이에서 거처를 옮겨 살며 동물의 시체를 자르거나 가죽을 취하고 식용 식물을 채집하려는 목적으로 간단한 석기 도구를 사용했다. 이런 도구는 시간이 지남에 따라 손도끼와 같은 진화된 모습을 띠게 되었으며 화살촉이나 긁개 같은 도구가 남

● 드라켄스버그에 남은 산족 벽화(출처-africanrockart.org)

아프리카공화국의 많은 현장에서 발굴되었다.

1만 5,000년에서 3만 년 전인 중석기 시대에 와서는 바다 생물과 조류는 물론 영장류나 얼룩말 같은 큰 동물을 사냥한 흔적이 발견되었고 거북알이나 타조알을 대량으로 축적하기도 했다. 이때 발견된 인류 화석은 현 인류의 해부학적 시작이 되는 중요한 증거가 되었다.

신석기 시대에 들어서자 고도로 발달한 도구가 발견되기 시작했다. 중석기 시대에 사용했던 무거웠던 도구는 사용 빈도가 줄고 작은 석기를 주로 사용했다. 이들은 무리를 이루어 활동했으며 동물을 포획하기 위해 덫을 놓거나 화살과 창으로 사냥했다. 계절마다 주거지를 옮기며 수렵 채집을 계속했고 섭

취했던 음식물도 다양해져 육지의 동식물뿐 아니라 조개나 물개 등 많은 바다 생물 또한 포획, 채집, 사냥하여 섭취한 것으로 알려졌다.

이들은 수많은 벽화로 삶의 모습을 남겼다. 이런 벽화는 레소토 근처 드라켄스버그나 케이프타운 근처 시더버그와 같이 돌 산맥이 많은 곳에 남아있다. 이들은 바로 남아프리카공화국 서쪽 영토와 나미비아 남부 지역에 주로 거주하던 코이산족의 조상이다.

민족의 시작과 코이산족

약 2,000년 전 사람들은 동식물을 길들이기 시작했다. 비가 충분히 오는 지역에서는 마을을 이루어 가축을 치고 농작을 기르며 살았고 건조한 지역에서는 거처를 옮기며 가축을 기르고 살았다.

이 중 남아프리카공화국 영토에서 가장 오랫동안 살아온 민족 집단이 산족San이다. 한때 세계에서 가장 큰 민족 집단이기도 했던 이들은 물건이나 가축, 토지 또는 집을 소유하지 않고 수렵 채집으로 살았다. 산족은 흔적을 찾아 추적하는 능력이 탁월했고 손재주에 능해 지금도 야생 동물을 추적할 때는 이들의 기술을 적용하는 사람이 적지 않다. 붉은 빛의 벽화와 조개

● 산족의 모습(출처-Krugerpark.co.za)

공예품, 지금도 남아프리카공화국 곳곳에서 눈에 띄는 타조알 공예 등은 모두 이들의 역사를 품고 있다.

산족이 살던 지역에 다음으로 찾아온 민족 집단은 코이코이족*Khoikhoi*이다. 이들은 산족과는 달리 가축을 기르며 반유목민으로 살았다. 가축이 있었기 때문에 소유의 개념을 이해하고 가진 것을 다음 세대에게 넘겨주었다.

이들의 지도자는 철저히 재산에 따라 결정되었고 적에게 피해를 입어 재산을 잃으면 권력도 잃었다. 케이프타운 근처 세인트헬레나만 근처에서 발견된 방목의 흔적에 의하면 이들은 양을 기르며 조개를 채집하고 물개를 비롯한 야생 동물을 사냥하면서 거처를 옮겨 살았는데 무려 1,500년 동안 세인트헬레나만에 위치한 자신들의 거처로 돌아오는 패턴을 보였다.

코이코이족은 외부인과의 접촉에 익숙했다. 15세기에는 포르투갈인과 교류했고, 16세기에는 포르투갈인을 비롯한 다른 유럽인과도 무역을 했으며, 이후 네덜란드인이 케이프타운에 정착했을 때는 많은 대립 끝에 문화적으로 융화되었다.

산족과 코이코이족은 오랫동안 서로 교류했다고 전해지며 두 민족 집단 간의 경계가 명확하지 않아 이들을 함께 코이산족*Khoisan*이라고 부른다.

지금은 코이산족의 전통 생활 방식에 따라 사는 사람을 거의 볼 수 없다. 1950년까지만 해도 나미비아 근처에 독화살로 야생 동물을 사냥하며 사는 산족 사람이 수천 명 있었다고 하는데 시간이 지남에 따라 코이코이족과 함께 노동자 계급으로 유럽 이민자 사회에 융화되어 지금은 거의 찾아볼 수 없다.

이후 아파르트헤이트가 시행되면서 그들은 오랜 역사가 담긴 땅을 빼앗기고 강제 이주까지 하게 되어 순수한 코이산족을 보기 매우 힘들다. 하지만 이들의 혈통은 컬러드인의 피에 남아 있다.

반투 민족의 대이동

한편 3세기쯤 동쪽에서는 서부 아프리카에서 반투계 민족

● 반투 민족의 이동 경로

집단이 대이동을 거듭하며 내려와 살게 되었다. 이들이 남쪽
으로 내려오면서 기존에 이 지역에서 살던 코이산족을 밀어낸
것으로 보인다.

　이들은 철기 도구를 다루었고 농업에 능해 한곳에 정착하면
서 영토를 넓혀 갔는데 민족 집단을 기반으로 농경 사회를 이
루어 외부 사람과의 무역을 관리하고 모든 일원이 필요한 자원
을 나누어 가질 수 있게 했다. 또한 마을의 보안을 위해 세금을
걷는 행위와 같이 정치적, 전략적, 경제적, 기술적으로 우리가
생각하는 것보다 훨씬 발달한 시스템을 가지고 있었다고 한다.

　워낙 넓은 지역에 걸쳐 살고 사람의 수도 많아 반투계 내
에서도 다양한 민족 집단과 문화가 존재했다. 반투 민족은 크

게 응구니계와 소토계로 나뉘는데 이 두 부류 사이에서 특히
나 많은 전투가 일어났다. 줄루, 코사, 소토, 츠와나 등 반투계
에 속한 민족 집단은 지금의 남아프리카공화국 인구의 대부분
을 차지하고 있다.

민족 집단 문화

남아프리카공화국의 오랜 민족 집단들은 발달된 사회적 구
조를 갖추고 있었다. 기생충과 병을 옮기는 체체파리에게서
가축을 보호하기 위해 덤불을 심고 성별에 따라 노동의 종류
를 나누었다. 여성은 땅을 경작하고 곡식을 추수하거나 채집
하고 집안일과 육아 등을 담당했다. 남성은 가축을 치고 우유
를 짜거나 고기를 자르는 등 권력과 직결된 가축 및 사람과 관
련된 일을 맡았다.

가축과 사람은 권력을 의미했다. 남성은 사람을 얻는 것을
중요하게 생각했다. 가축이 많으면 더 많은 신부를 데려오기
위한 값인 로볼라*Lobola* •를 지불할 수 있어 노동력을 확보하는
데 용이했다. 이와 더불어 주변의 선망을 살 수 있었다. 로볼
라는 상당한 값이지만 세대에 걸쳐 가까운 친척과 결혼을 반

• 줄루, 코사 등의 응구니계 용어. 소토어나 세츠와나어로는 보가디(Bogadi)라고 한다.

복하면 다시 본가로 돌아오기 때문에 이를 가장 이상적인 결혼으로 생각했다.

민족 집단 내에서는 정치적인 활동도 많이 일어났다. 지역 대표 모임도 있었고 분쟁 조정 및 범법자 교도를 위한 회의와 민족 집단 내에서 일어나는 문제를 해결하기 위한 회의도 열렸다.

족장은 공동체의 번영을 목적으로 일했다. 자신의 가축을 평민들에게 나누어 돌보게 했는데 이는 보안의 목적도 있었지만 그들로 하여금 가축 돌보는 것에 대한 대가를 받게 해 지배자와 피지배자 간의 관계를 명확히 하기 위해서였다.

사람들은 자신의 족장을 기준으로 정치적 정체성을 찾았다. 가뭄이나 재해가 발생하면 사람들은 족장이 비를 내리게 하거나 농장과 밭을 위한 약을 줄 것이라 믿었다. 그래서 족장은 조상과 소통하는 역할을 하면서 민심이 흉흉해지면 제물을 바치는 제사를 지내고 점술사를 불러 마녀와 그의 직계 가족을 사형에 처하고 가축을 압수하는 명을 내렸다.

유럽인이 남아프리카공화국 땅에 도착할 때까지 민족 집단들은 갈라지고 합치기를 반복했고 유럽인의 식민지가 시작될 때까지도 많은 곳에서 작은 규모로 독립적인 모습을 유지했다.

유럽인의 첫 발자국

남아프리카공화국이 세상에 알려지게 된 것은 1400년대 포르투갈의 탐험가, 바르톨로뮤 디아스*Bartolomeu Dias*가 항해 중 우연히 지금의 웨스턴케이프주에 발을 디디면서부터다. 이곳 바다의 거센 파도와 바람을 보고 바르톨로뮤 디아스는 '폭풍의 곶'이라고 이름 지었지만 이후 포르투갈 국왕 주앙 2세*João II*가 인도로 가는 항로를 열어줄 이곳을 '희망봉'이라 명명했다.

무역에 온갖 자원을 쏟아 넣던 유럽에서 남아프리카공화국의 발견은 대단한 기회였다. 중동을 통하지 않고 인도로 가는 새로운 무역로를 열어주었기 때문이다.

200년 후 유럽에서 네덜란드동인도회사의 깃발을 내건 선박이 들어오기 시작했다. 무역 이점을 본 네덜란드가 정박 기지를 세우기 위해 얀 판 리벡*Jan Van Riebeeck*과 탐험대를 보낸 것이다. 코이코이족을 만난 이들은 유럽산 물품을 주고 음식과 장작, 물 등을 받았다.

케이프타운의 새 사회

배를 타고 넘어온 대부분의 사람은 네덜란드동인도회사 직원으로 군인, 선원, 장인이었다. 이들은 이민 사회를 형성하며 물자를 생산했고 무역선에 물자를 싣는 일을 하며 내륙으로 확장해 나갔다. 네덜란드동인도회사는 더 많은 이주민을 보냈고 프랑스 신교도 위그노 또한 종교적 자유를 위해 케이프타운으로 건너왔다. 이외 프랑스와 독일 등 유럽 등지에서 넘어온 이주민으로 남아프리카공화국의 이민자 수는 급격하게 증가했다.

케이프타운은 이민 사회의 상업적, 사회적 및 행정적 중심이 되었다. 시장에서는 농부들이 소 수레에 농작물을 가져와 팔거나 가축을 데려와 도축하고 옷이나 생필품, 커피, 차, 설탕 또는 노예 등을 사고팔았다. 교회와 빵 가게, 상점, 감옥이 한데 모인 희망성*에서도 장터가 열렸다.

• 보안을 목적으로 네덜란드동인도회사가 1666년부터 1679년까지 진흙과 목조로 건축한 오각형 모양의 성형 요새

● 컴패니스 가든에 있는 이지코 박물관. 초기 유럽 정착민은 이곳에 각종 씨앗을 심고 작물을 길러 무역선에 식료품을 전달했다.

지중해성 기후인 케이프타운은 유럽인이 정착하기에 적합한 환경이었다. 날씨도 땅도 좋았고 딱히 토착병이라고 할 것도 없었다. 와인을 생산하기에도 좋아 콘스탄시아 산기슭에는 남아프리카공화국 최초의 와인용 포도도 심었다.

하지만 급증하는 이민 사회를 먹여 살리면서 무역선에 물자를 실어 보내기에는 자원과 노동력이 너무 부족했다. 회사에서 보내온 동부 아프리카, 서부 아프리카, 인도, 동남아시아계 노예들이 있었지만 그마저도 충분치 않았다. 이에 이들은 토착민과 그들의 땅으로 눈을 돌렸다.

유럽인의 정착과 토착민의 고통

유럽인이 남아프리카공화국에 정착하고 영토를 확장하기 시작하면서 토착민을 만나는 것은 피할 수 없는 일이었다. 이들에게 남아프리카공화국의 토착민인 코이산족과 반투족은 미개인이었다. 유럽인은 산족을 '부시맨', 코이코이족을 '호텐토트', 반투계 사람을 '카피르'라고 불렀다.

이민자들은 사회적 시스템 없이 수렵 채집으로만 사는 산족보다 가축을 기르고 유럽인과 교류를 시작한 코이코이족을 우월하다고 생각했으며, 몸집이 작고 유순하며 생각이 깊지 않아 유럽인을 섬기도록 만들기 쉽다고 보았다. 초기 이민자들은 이들과 교류하며 담배나 술 등을 가축과 교환했다.

이민자들은 더 많은 자원과 자신만의 땅을 원했다. 이는 공동으로 토지를 소유하는 토착민의 개념과는 상충하는 것이었다. 애초에 네덜란드동인도회사는 코이코이족을 노예로 삼지 말라고 지시했으나 이민자들은 유럽산 무기와 기술을 이용해 토착민의 경작지를 습격해 불을 지르고 가축을 몰아내고 살생을 저질렀다.

코이코이족은 가축을, 산족은 산을 잃었다. 이들은 결국 건조한 북서쪽으로 밀려나거나 '상생'이라는 이름하에 사실상 유럽인의 노예가 되어 밀과 와인을 재배하고 양과 가축을 기르는 일을 했다. 1707년이 되자 이민자는 1,779명, 노예는 1,107명이

● 1770년대 희망성의 모습(출처-castleofgoodhope.co.za)

● 노예 숙소의 옛 모습과 지금의 모습. 지금은 박물관으로 사용되고 있다.
(출처-slavery.iziko.org.za)

되었다. 그렇게 케이프 식민지가 성장했다.

컬러드인의 탄생

1700년대 후반이 되자 케이프 식민지는 도시라고 부를 만큼 커졌다. 노예의 수가 많아졌기 때문이다.

그동안 백인은 노예 사이에서 아이를 낳거나 아예 가정을 이루어서 새로운 피부색을 가진 사람들, 컬러드 인종이 생겨났다. 대부분의 컬러드인은 백인 문화를 받아들여 생활 방식과 언어를 차용했다. 그 결과 간소화된 네덜란드어에 포르투갈어, 말레이어 및 코이산어의 요소가 섞인 새로운 언어, 아프리칸스어가 생겨났다. 컬러드인 중 꽤 큰 비중을 차지하는 말레이계 컬러드인, 케이프 말레이인은 지금도 케이프타운에서 그들의 독특한 문화를 이어가고 있다.

효과적인 통치를 위해 유럽인은 주인과 노예 사이에 선을 확실히 그었다. 케이프 식민지의 노예는 심한 악조건에서 생활했다. 열악한 조건에서 일하며 멸시받는 것은 물론이고 유럽인에게 해를 끼치는 경우 칼에 찔려 죽는 '벌'을 받기도 했다.

그들에게는 시민권이나 토지 소유권이 허용되지 않았다. 이에 산족과 유럽인 사이에서 생겨난 이들 중 일부는 '그리콰'라고 이름 짓고 자유와 무역을 위해 내륙으로 떠났다.

그리콰는 어두운 피부에 네덜란드어를 사용하고 기독교 신앙을 가졌으며 식민지 권력의 상징인 말과 총을 이용하는 데 능숙했다. 이들은 영토를 확장하며 많은 민족 집단과 무역을 하거나 원주민을 잡아들여 노동력으로 활용하면서 세력을 확장해나갔다. 보어인이 동쪽으로 영토를 확장할 때 좀더 북쪽으로 영토를 확장하던 이들이 바로 그리콰였다.

토착 민족 집단의 성장

유럽인의 발이 닿기 전에도 남아프리카공화국에서는 수많은 견제와 싸움이 일어났다. 토착 민족 집단들은 개별적인 영역을 가지고 이를 넓히려고 했다. 셀 수 없이 많은 민족 집단이 있었기에 그만큼 많은 전투와 정복이 벌어졌다.

은드완드웨 왕국

아랍인과의 무역이 활발했던 지금의 에스와티니 근처 퐁골라강 주변에는 은드완드웨Ndwandwe 민족 집단이 있었다. 계속해서 성장을 이루던 1700년대 말 야카Yaka 왕과 그의 아들 즈

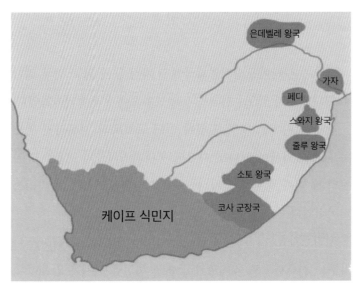

● 1830년 여러 민족 집단이 세운 왕국과 케이프 식민지(출처-In Search of History Gr10)

위데Zwide 왕은 이 지역의 정치적 권력을 쥐고 그 주변으로 다수의 민족 집단을 복속시켰다.

이들은 또 다른 민족 집단인 음테트와Mthethwa와 협업해 응과네Ngwane 민족 집단을 성공적으로 치기도 했으나 결국 음테트와의 지도자 딩기스와요Dingiswayo를 죽여 몰락시켰다. 이후 즈위데는 샤카Shaka의 지도 아래 있던 줄루족에게로 눈을 돌렸다. 하지만 1819년에 샤카에게 완전히 패했고, 은드완드웨 민족 집단은 많은 갈래로 나뉘어 모잠비크, 말라위, 짐바브웨 등 다양한 지역으로 퍼졌다.

줄루 왕국

줄루족은 남아프리카공화국에서 가장 눈에 띄는 민족 집단 중 하나이지만 300년 전에는 음테트와족에게 복속되어있었다.

해안과 가까운 나탈 지역에 있던 줄루족의 전설적인 지도자 샤카는 사생아로 나고 자랐으나 딩기스와요의 도움으로 자신의 배 다른 형제 시구자나Sigujana를 암살하고 지도자 자리를 거머쥐었다.

딩기스와요는 나이별로 군사를 나누어 관리하고 훈련하는 아마부토 시스템으로 음테트와 군대에 혁신을 가져온 인물이다. 그에게 많은 영향을 받은 샤카는 아마부토 시스템을 차용하고 엄격한 규율을 통해 강력한 줄루 군대를 만들었다.

샤카는 이 군대를 이용해 나탈 지역의 응구니족을 하나로 모아 주민 25만 명이 넘는 줄루 왕국을 세웠으며 이 왕국은 해안선부터 지금의 모잠비크 근방인 드라켄스버그 산맥까지 닿을 정도로 규모가 컸다. 이렇게 힘과 영역을 키운 줄루족이었지만 내부에서 분열과 싸움이 계속 일어났다.

코사 군장국

1600년대 이전 알 수 없는 이유로 코사족이 속한 남응구니계 사람들이 모여 힘을 얻기 시작했다. 이들은 점점 서쪽으로 이동하며 코이산족을 정복하거나 융화시켰는데 이 과정에서 코이산 언어 특유의 혀 차는 소리, 클릭 사운드가 코사어에 옮겨갔다.

줄루족을 비롯한 북쪽 민족 집단과는 다르게 코사족의 왕은 절대 권력을 쥐지 않았고 중앙 집권 또한 없었다. 이후 이들은 유럽인 이민자를 상대로 자원과 토지를 가져오기 위해 100년 동안 전쟁을 치뤘지만 결국 케이프 식민지에 속하게 되었다.

은데벨레 민족 집단

줄루족과 은드완드웨족의 갈등이 일어나자 은드완드웨족인 즈위데의 손자, 음질리카지*Mzilikazi*는 즈위데에게서 멀어져 샤카와 손을 잡기로 했다. 음질리카지는 샤카를 군사 무장으로 섬겼으나 이후 샤카에게 가축을 바치는 것을 거절하여 또 한 차례 갈등이 일어났다.

1821년 음질리카지는 은데벨레족을 데리고 줄루 왕국에서 멀리 떠나 팔강 유역에 새 왕국을 세웠다. 이후 그리콰와 보어인의 공격으로 지금의 짐바브웨로 옮겨가 마타벨레랜드를 세웠다. 하지만 19세기 말 보어인에게 항복해 보어인이 세운 국가, 트란스발에 속하게 되었다.

영토 확장과 전쟁

　식민지가 생기고 시간이 지나자 유럽 이민자는 독립적인 정체성을 갖기 시작했다. 이 중 일부는 '농부'라는 뜻을 지닌 '보어Boers'라고 부르며 더 넓은 영토를 위해 북으로 동으로 이동했다. 이들은 멀리까지 떠나있었지만 생필품과 화약 같은 대부분의 물자는 케이프 식민지에 의존했다.

　보어인은 대량 학살을 거듭하며 움직였다. 이에 맞선 코이코이족은 게릴라 전투를 일으켰고 산족은 보어인의 가축을 공격했다. 하지만 보어인을 물리치기에는 역부족이었다.

　결국 코이산족의 수는 급격히 줄어들었고 남아있던 사람 또한 사실상 보어인의 노예로 전락했다. 보어인은 코이산족이 가지고 있던 엄청난 수의 가축을 빼앗아 길렀는데 이 가축은 풀을 어마어마하게 뜯었기 때문에 계절마다 옮겨 다녀야 했다. 이 과정에서 일부 야생 동물 또한 멸종했다.

백년전쟁의 시작

1700년대 말 피쉬강까지 여정을 거듭하며 영토를 확장하던 보어인은 내륙 남동쪽에 살고 있던 코사족과 만났다. 보어인과 코사족은 모두 유목민으로 같은 땅을 사용하고자 했기 때문에 자원과 토지를 두고 잦은 대립이 일어났다.

1779년부터 1879년까지 코사족과 유럽인이 맞서 싸운 아홉 번의 전쟁을 '백년전쟁'이라고 한다. 이 전쟁은 아프리카 식민지 역사상 유럽인과 가장 오랜 시간 벌인 전쟁이기도 하다.

1779년 코사족과 식민지 통치권● 사이에 첫 전쟁이 일어났다. 식민지 통치권 측은 코사족을 속여 많은 사람을 학살했고 800여 마리의 가축을 빼앗았다. 그리고 코사 영토에서 코사족을 쫓아냈다. 전쟁에서 이긴 보어인은 코사족을 주르펠트에서 살 수 있도록 허락했다.

두 번째 전쟁도 비슷한 양상이었다. 세 번째 전쟁에서 코사족은 코이산족과 힘을 합쳐 유럽 세력에 맞섰다. 케이프 식민

● 식민지 통치권은 동인도네덜란드회사과 같은 유럽 세력을 통칭하여 일컫는다.

● 백년전쟁에서 싸우는 코이산 사람들(출처-Xhosaculture.co.za)

지의 노예도 백인 주인에게서 총과 말을 훔쳐 코사족과 합류
했다. 아홉 차례의 전쟁 중 네 번째부터는 영국이 합류했다.

영국의 등장과 백년전쟁

세계 제패를 위해 공을 들이던 영국의 눈에 케이프타운은
무역의 주요 기점으로 영국 기업에 자원을 조달하는 또 다른
시장이었다.

1700년대 말 케이프 식민지 끄트머리에 슬그머니 발을 들
여놓은 영국은 1795년에는 네덜란드동인도회사와 벌인 전투

에서 승리하여 케이프 식민지를 통치했지만 1802년 아미앵 평화 조약[●]으로 네덜란드(당시 바타비아 공화국)에게 식민지 통치권을 잠시 내주었다. 그러나 영국은 1806년 네덜란드와 치룬 전쟁에서 다시 승리하여 케이프 식민지를 완전히 점령했다.

영국은 자유주의를 기반으로 케이프 식민지를 통치했다. 당시 산업 혁명이 일어났던 영국은 남아프리카공화국산 원자재를 본국에 조달하고 그 원자재로 제조한 물품을 다시 식민지에 들여와 파는 식으로 수익을 올렸다. 이때부터 남아프리카공화국산 와인과 메리노 양털이 영국 시장에 들어가기 시작했다.

노예 해방

19세기가 되자 영국에서는 노예 해방 운동이 힘을 얻었고, 1807년 노예 제도를 폐지하는 법안이 통과되었다. 노동력의 큰 축을 잃은 케이프 식민지는 이때부터 고질적인 노동력 부족에 시달렸다.

이에 식민지 정부는 코이산 사람의 주소지를 백인 농장에 두게 하고 8년 이상 농장에서 자란 아이들은 해당 농장주에게

● 영국, 프랑스, 스페인 및 바타비아 공화국 간에 서명한 평화 조약으로, 1803년 나폴레옹 전쟁이 일어나기 전까지 짧은 평화를 이루었다.

10년 이상 견습을 받게 하는 등 노동력 충당을 위해 '조례 제
50호●'를 포함한 다수의 법을 제정했다. 코이산 사람과 자유
를 가진 다른 모든 사람은 평등하다는 내용의 노동자를 보호하
는 법도 제정했지만 사실상 노예였던 이들은 계속 무시당했다.

식민지 정부로서 영국은 노동자와 토지뿐 아니라 보어인까
지 다양한 체제와 언어, 문화가 섞인 케이프 식민지 전체를 관
리해야 했다. 먼저 공식 언어를 네덜란드어에서 영어로 바꾸
고 조세 체제와 화폐도 바꾸었다. 또한 토지 소유권을 제한하
고 입법회에 식민지 출신 사람을 위한 자리를 소수 마련했다.
하지만 영국 주도로 이루어진 이 모든 것은 오래전부터 이곳을
개척하며 살아온 보어인의 마음에 들지 않았다.

백년전쟁의 지속

영국은 보어인과 코사족 간의 지속적인 대립을 끝내기 위
해 자신의 영역에서 코사족을 몰아내기로 했다. 1811년 영국
은 기마경찰과 군대를 완전 무장시켜 주르펠트에서 코사족과

● 1828년에 제정된 조례 제50호는 코이산족의 통행권 지참 의무화를 폐지하고 거
주지와 고용인을 선택할 권리를 보장했다. 하지만 1841년 제정한 주인과 하인 조례를
통해 고용주에게 유리한 조건을 보장하고 노동자로 하여금 더 나은 업무 환경을 요구
하지 못하게 했다.

전쟁을 벌였고, 그 결과 1812년 코사족을 그레이트피시강 동쪽으로 몰아내는 데 성공했다.

코사족에 맞서 싸운 군사는 영국군, 보어인 및 코이산족으로 이루어졌는데 코사족에 다수의 코이산 사람이 융화된 상태였기 때문에 사실상 같은 민족 집단끼리 싸워 죽이도록 한 꼴이었다.

코사족 가축 대학살

이후 수차례의 전쟁이 더 일어났다. 1857년 코사족과 영국은 8차 전쟁까지 치룬 상태였다. 이때 심각한 가뭄이 일어 곡식이 귀해지고 가축 또한 폐병으로 많이 죽었다.

지속되는 전쟁으로 코사족은 힘을 잃은 상태였지만 마지막으로 죽을힘을 다해 싸우기로 했다. 논콰우세*Nonquawuse*라는 어린 소녀가 조상의 계시를 받아 가축을 죽이고 곡식을 심지 않으면 코사족의 힘이 회복되어 이민자들이 바다 속으로 사라지게 될 것이라고 예언했기 때문이다. 이에 40만 마리의 가축이 죽었고 가뭄과 겹쳐 약 4만 명이 굶어 죽었다.

결국 코사족은 영국에 도움을 요청할 수밖에 없었다. 영국은 식민지에서 노동자로 일하지 않으면 도와주지 않겠다고 했다. 일부 코사족 사람들은 영국이 가축을 죽이도록 일부러 이

야기를 퍼트렸다고 의심했으나 증거는 없었다. 결국 수천 명의 코사족 사람이 케이프 식민지로 옮겨져 노동자가 되었고 영국은 코사족의 영토를 손에 쥐고 일부 코사족 지도자를 로빈섬에 가두었다.

● 오른쪽에 앉아있는 논콰우세
  (출처-sahistory.co.za)

영국의 노동력 충당

노예에게 자유를 준 영국은 지속적인 노동력 부족에 시달렸다. 자유인이 된 노예를 통치하기 위해 유색인이 케이프 식민지에 방문할 시 통행권을 제시하도록 하는 통행법을 제정했지만 일손은 더 부족해졌다. 이에 영국은 노예 해방 이후에도 기존에 있던 노예는 유지하고 작은 규모로 노예 수입을 이어갔다. 이마저도 부족하자 결국 네덜란드가 그랬던 것처럼 코이코이족을 비롯한 다른 민족 집단을 농노로 삼았고 영토 확장을 지속했다. 그리고 백년전쟁에는 코이산족을 영국 군대 병사로 투입하기까지 했다.

영국은 계속해서 영토 확장에 성공했고 1844년에는 보어인의 나탈 공화국을 점령하여 식민지화했다. 이 지역에 살고 있던 이들 중 20퍼센트는 줄루 사람이었는데 이들은 백인에게 노동력을 제공하기보다는 직접 목축을 하고 곡식을 재배해서 식민지 사람에게 농산물과 우유를 팔아 돈을 벌고 세금을 냈다.

나탈 식민지를 만든 후에도 노동력 부족 문제를 해결하지 못한 영국은 인도에서 노동력을 수입해 사탕수수를 재배하도록 했다. 1860년부터 1866년까지 6,000명 이상의 인도인이 남아프리카공화국에 들어왔다.

이들은 처음에는 매우 열악한 환경에서 일했으나 이후에는 처우가 개선되었다. 그들은 5년 동안 노동력을 제공하는 대신 음식과 주거지 및 월급으로 10실링을 받기로 했다. 5년이 지나면 작은 땅을 받아 정착하거나 추가로 5년 더 일하고 고국으로 돌아갈 수 있었지만 대부분은 이곳에 정착했다.

나탈 식민지는 공식적으로는 인종 차별이 없었지만 백인이 아닌 사람 중 투표권을 가진 이는 극소수였으며 1896년에는 인도인의 투표권마저 빼앗았다. 마하트마 간디*Mahatma Gandhi*는 인권 운동을 이끌었지만 결과는 성공적이지 못했다.

부어트레커의 대이주 및 건국

　보어인은 직원을 두기보다 보수를 주지 않아도 되는 노예를 선호해 1778년에는 1만 1,000명 이상의 노예를 개인이 소유하기에 이르렀다. 하지만 영국으로 통치권이 넘어간 후로 언어와 조세 등 구조적 변화가 일어났고 평등 정책으로 노예제마저 폐지되자 안 그래도 영국에 불만이 많았던 보어인은 거세게 반발을 했다.

　보어인은 영국이 그들을 차별하고 영국 이민자와 코사 사람에게 특혜를 준다고 여겼으며 코사족에게서 빼앗은 동쪽 영토를 통치하는 영국의 방식이 자신들의 삶의 방식과 충돌한다고 생각했다. 결국 많은 보어인이 '개척자'라는 뜻을 지닌 '부어트레커*Voortrekkers*'로 새로운 이름을 지은 후 1835년 내륙으

● 이동하는 부어트레커(출처-sahistory.co.za)

로 대이주를 시작했다.

부어트레커가 처음 닿은 곳은 오렌지강 근처였다. 이곳에서 이들은 두 그룹으로 나뉘어 한 그룹은 그들의 선조를 따라 북동쪽의 팔강으로 이동했고, 다른 한 그룹은 동쪽 드라켄스버그 산맥 쪽으로 이동했다.

다시는 케이프 식민지로 돌아가지 않겠다는 생각으로 자신만의 자유로운 국가를 원했던 부어트레커는 1800년대 중반 지금의 하우텡주까지 닿아 나탈 공화국, 남아프리카 공화국, 오렌지 자유국을 건립했다.

보어인이 세운 공화국에서는 철저히 인종을 나누어 차별했으며 1858년에는 국가와 교회에서 백인과 유색인의 평등을 허락하지 않는다는 내용을 헌법에도 담았다. 영국과 케이프 식민지에서 노예제가 폐지된 이후에도 보어인은 전쟁을 통해 흑인을 농장의 노동력으로 삼았고 아동 노동력까지 착취했다.

금의 사회와 국가 합병

금광과 자본주의

1800년 후반 비트바터스랜드에서는 다이아몬드가, 요하네스버그에서는 금이, 그것도 막대한 양이 발견되었다는 소식이 들려왔다. 식민지를 통치하면서부터 계속되는 경영난에 허덕이던 영국에게 광물의 발견은 큰 기회였고 유럽 국가들에게서 투자까지 받는 데까지 성공했다. 영국은 채광에 필요한 노동력을 얻기 위해 광산 회사를 설립해 터무니없이 낮은 임금으로 유색인 노동자와 계약했다.

영국은 계속해서 광물을 팔고 투자를 유치하기 위해 증권거래소를 설립하고 로스차일드와 같은 해외 은행에서 자금

● 금광에서 일하던 사람들
(출처-sahistory.co.za)

을 빌려왔다. 금 채광 소식
은 전국에서 일하려는 사람
들을 불러 모았고 돈이 없는
사람들이 외곽에 모여들면
서 요하네스버그라는 새로
운 도시가 생겨났다.

계급의 등장과 인종 분리의 시작

자유주의 체제에 돈이 돌자 산업 혁명이 일어났고 이를 중
심으로 새로운 계급이 생겨났다. 이제 도시는 돈과 영향력을
가진 자본가라는 상류층과 변호사, 의사, 교사 등 기술을 가진
중산층, 가진 것이라곤 노동력뿐인 노동자라는 계급으로 굴러
갔다. 노동자도 해외 광산에서 일한 경험이 있는 숙련자와 아
무런 경력이 없는 미숙련자로 나뉘었으며 미숙련자는 대부분
남부 아프리카의 흑인과 백인으로 이루어졌다.

비록 사회적 계급은 존재했으나 흑인도 기술을 취득할 수
있게 되자 백인 노동자는 노동조합을 만들어 파업을 거듭하면
서 광산의 특정 일자리를 백인에게만 주도록 요구했다. 그 결
과 일의 종류에 따라 인종도 함께 분리되었다. 이에 흑인도 산
업 및 상업연합을 만들어 흑인의 권익을 위해 싸웠으나 이후

세력이 약해졌다.

1913년 원주민 토지법이 제정되어 당시 인구의 60퍼센트 이상을 차지했던 흑인의 토지 소유권은 철저히 원주민 보호 지역에서만 허용되었고 결국 흑인은 돈을 벌려면 노동력을 제공해야만 하는 환경에 놓이게 되었다.

광산 개발이 남아프리카공화국의 현대화를 주도한 만큼 이 결과가 사회 전체에 영향을 끼쳐 결국 아파르트헤이트의 전조가 되었다.

앵글로-줄루 전쟁

1870년대 남아프리카공화국에서 가장 강력했던 토착 민족 집단은 줄루였다. 이들은 투겔라강 근처에 있던 영국의 나탈 식민지와 맞닿아있었다.

분산된 힘을 하나로 모아 연방 통치를 원했던 영국은 강력한 군대를 중심으로 막강한 세력을 키운 이들에게 30일 이내에 군대를 완전히 해체하라는 불가능한 요구를 했다. 줄루족의 케취와요Cetewayo 왕이 이를 거절하자 영국은 줄루를 침공했다. 이때 영국군은 영국인 군사 7,000명, 식민지 자원군 1,000명, 흑인 군사 7,000명으로 이루어져 있었다.

전투는 세 군데에서 일어났는데 이 중 1879년 1월에 일어난

● 영국의 감시 아래 있는 케취와요 왕(출처-Britannica)

이산들와나 전투는 영국에게 식민지 역사상 가장 처참한 패배를 안겨주었다. 하지만 곧 영국은 반격을 감행했고 같은 해 7월 울룬디 전투를 마지막으로 줄루족은 항복을 선언했다.

케취와요 왕은 케이프타운으로 유배되었고 1887년 모든 줄루 영토는 영국령에 속하게 되었으며 땅은 열세 군데로 나뉘어 각 민족 집단 지도자 아래 통치되었다. 그리고 그 어떤 민족 집단에게도 군대 양성이 허락되지 않았다.

앵글로-보어 전쟁

줄루족까지 합병한 영국에게 남은 목표는 과거 같은 식민지에 있었던 보어인의 영토였다. 1877년 영국은 연방 설립을 위해 트란스발을 합병했으나 이는 순전히 영국 측에서 보어인의 합병 반대 의사를 고의적으로 배제하여 보고했기 때문에 진행된 일이었다. 주권과 영토를 잃게 된 보어인은 크게 반발했고 1899년 10월 독립을 위해 영국과의 전쟁을 일으켰다. 이것이 앵글로-보어 전쟁●의 시작이었다. 이 전쟁은 표면적으로는 백인들의 싸움처럼 보이지만 사실상 유색인을 운전병 및 노동자, 총알받이로 앞세워 전투에서 서로 싸워 죽이게 했다.

수적으로나 화력에서나 영국이 우세했으나 영국군의 말은 전투 지역의 기후에 적응하지 못해 전력을 쏟지 못했다. 대신 영국은 전쟁을 치르는 약 6개월 동안 농장을 불태워 민간인이 보어병사에게 도움을 주지 못하도록 했고 결국 요하네스버그와 프레토리아가 영국에 넘어가는 것으로 첫 번째 전쟁은 끝이 났다.

이후 영국은 한동안 토착 민족 집단 합병에 노력을 쏟았다. 1890년대가 되자 코사, 소토, 줄루, 페디 등의 수많은 민족 집

● 남아프리카공화국 전쟁 또는 두 번째 보어 전쟁이라고도 불린다. 백인인 영국군과 보어군 사이에 벌어진 전쟁이지만 두 진영 모두 반투계 흑인과 코이산 및 컬러드인을 전투에 투입시켜 싸우게 했기 때문에 결과적으로는 전 인종의 전쟁이 되었다.

단이 영국령에 속했다. 케이프 총독이자 다이아몬드 광산 자본가였던 세실 로즈Cecil Rhodes는 합병을 위해 갖은 술수를 써서 영역을 넓히며 식민 정책을 펼쳤으나 보어인의 저항으로 원하는 만큼 영향력을 키우지 못했다. 이에 보어인과 영국 간의 대립은 점점 심해졌고 2차 앵글로-보어 전쟁이 발발했다.

1900년 11월 말 영국은 보어인에게 조건 없이 항복할 것을 요구했지만 보어인은 게릴라 전투로 대응했다. 보어 민간인이 보어군을 돕는 것을 막기 위해 영국은 민간인 소유의 농장을 초토화시켰다. 농장을 잃은 이들은 빈손으로 방치되거나 다른 정착지로 옮겨갈 수밖에 없었다. 모든 일을 지켜본 보어인은 잔인한 영국 정부의 대응에 이를 갈았고 영국인들조차도 복잡한 감정을 느꼈다.

전쟁으로 인해 모든 인종에서 사상자가 났고 많은 이가 난민 수용소에 모였다. 영국은 보어군이 보복할 것에 대비하여 급히 포로수용소를 마련했는데 식수, 음식, 오물 처리 및 포로 밀집도를 비롯해 모든 환경이 열악했다. 병도 쉽게 생겼고 감염도 빠르게 전파되었으며 사람들은 우울증에 시달렸다. 인종 구분 없이 수많은 여성과 아이가 죽었다.●

3년 동안 처참한 전쟁을 겪은 영국과 보어 측 모두는 하루

● 1901년 10월까지 이곳에서 죽은 사람의 수는 3,000여 명이었다. 보어 인구의 10퍼센트가 이곳에서 죽은 것으로 알려져 있다.

● 포로수용소에 갇힌 보어인 여성과 아이들(출처-sahistory.co.za)

빨리 전쟁을 끝내고 싶어했다. 보어 측은 그들의 독립과 함께 무역, 철로, 관세 연합과 언어 사용에 대한 권리를 보장받고자 했다. 영국 측은 처음에는 이를 받아들이지 않았지만 1902년 5월 결국 페레니이형 조약*Treaty of Vereeninging*에 서명했다.

보어는 영국에 속해 자치권을 부여받고 영국은 보어의 재건을 위해 보상했으며 네덜란드어 사용을 허용했다. 그리고 자치 정부가 허용되기 전까지 유색인의 투표권에 대해서는 언급하지 않는 데 동의했다.

남아프리카연방의 탄생

20세기가 되자 남아프리카공화국에는 좀 더 진보적인 정부가 자리를 잡았고 백인 중에서도 아프리칸스어를 사용하는 사람에게 더 많은 힘을 실어주었다.

식민지는 자치권을 부여받기 시작했다. 1910년 5월 31일 케이프주, 나탈주, 트란스발주 및 오렌지 자유주까지 총 네 개의 주로 이루어진 '남아프리카연방Union of South Africa'이라는 새 국가가 만들어졌다.

남아프리카연방은 흑인 400만 명, 백인 150만 명, 인도인 15만 명 및 컬러드인 5만 명으로 이루어진 국가였다. 각 주는 투표권 허용선을 정할 수 있었는데 이 중 영국의 영향을 받은 케이프주와 나탈주는 유색인에게 소유권과 투표권을 주었으나 보어인이 세운 트란스발주와 오렌지 자유주는 이를 허용하지 않았다.

원주민 토지법과 아파르트헤이트의 전조

1913년 정부는 원주민 토지법을 제정해 토지를 나누었는데 이 법에 따라 흑인은 남아프리카연방 영토의 7퍼센트에 달하는 작은 지역의 토지만 사고팔 수 있었다. 이외 지역의 토지를 매수하려는 흑인은 단지 흑인에게서만 토지를 구입할 수 있었다. 이 법안의 통과를 막기 위해 소수의 흑인 운동가와 전 케이프 식민지 총리들이 목소리를 높였지만 실패로 돌아갔다.

이 법은 사실상 국민의 대부분인 흑인을 토지를 소유할 수 없는 하층민으로 만들었고 인종에 따라 지역을 나누어 이후 아파르트헤이트 정책이 들어설 길을 마련해주었다. 후에 흑인의 토지 매매가 가능한 지역은 7퍼센트에서 13.7퍼센트로 미미하게 상향 조정되었다.

아파르트헤이트

국가를 피부색으로 나눈 국민당

1931년 영국이 물러나면서 남아프리카연방에는 완전한 자유가 주어졌다. 그러나 모두를 위한 자유는 아니었다. 유색인을 짓누르는 기존의 법과 사회 체제는 계속 강화되기만 했다. 금으로 번 돈은 백인을 부유하게 만들어주었지만 노동력을 제공하는 유색인의 가난한 삶은 나아지지 않았고 오히려 법이 정한 그들의 거주 지역은 인구 과잉으로 더 황폐해졌다.

1948년 국민당은 노골적으로 국가를 피부색으로 나누고 정치, 경제, 사회, 문화적으로 유색인을 철저히 격리하겠다는 약속으로 총선에서 승리했다.

146

1949년에는 다른 인종 간의 결혼과 성관계를 불법화하는 혼합결혼금지법과 부도덕법, 인종별로 강제 퇴거하여 거주 지역을 나누는 집단거주지역법, 모든 사회 시설에 대해 인종에 따라 이용

● 백인 지역 표지판(출처-sahistory.co.za)

여부를 허가하는 시설분리법, 유색인과 백인의 교육 기관과 커리큘럼을 분리하는 반투교육법을 제정하면서 인종에 따라 사회 전체를 분리해버렸다.

이후 인종별 거주지는 '홈랜드'라는 명칭으로 불리며 자치권을 부여받았는데 이는 유색인을 백인 사회에서 격리시켜 아예 외국인으로 만들고자 하는 목적이었다. 유색인도 그 안에서 세분화하여 철저히 격리했다. 컬러드인은 이등 시민으로, 흑인은 삼등 시민으로 구분했고, 주거 지역의 수준도 그에 따라 차이를 두었다.

하지만 인종의 분류는 순전히 체제의 편리를 위한 것이었다. 정부의 인종 구분법은 너무도 단순했기에 어디에도 속하지 않는 사람도 있었고 반대로 그 어디라도 속할 사람도 많았다. 정부와 경찰도 구분하기 어려워했지만 머리에 연필을 꽂아보고 연필이 꽂혀 있으면 흑인, 떨어지면 컬러드인이 되는 것이 공식화되었다. 서류 한 장으로 가족이 뿔뿔이 흩어져 몇십 년

동안 보지 못하기도 했고 아이 엄마는 생사도 알 수 없는 곳에 아이를 뺏기는 경우도 있었다.

흑인 중에서도 컬러드인과 외형이 닮은 사람은 인종 테스트에 통과해 삼등 시민에서 이등 시민으로 올라갈 수 있었다. 그렇게 되면 흑인에게는 허락되지 않는 직업을 갖고 기술을 배우며 더 좋은 집에서 살 수 있었다. 다만 이등 시민이 되기 위해서는 가족을 버려야만 했다.

아파르트헤이트 당시 유색인은 항시 땅을 보고 걸어야 했고 홈랜드 바깥에서는 웃는 모습도 금지되었다. 인종별로 나누어진 홈랜드에 강제 이주된 사람들은 땅을 비롯한 모든 것을 빼앗기고 기존에 살던 곳에서 퇴거당해야만 했다.

백인 거주지는 조용하고 평화로웠지만 유색인은 통행증을 지녀야 다닐 수 있었고 홈랜드, 특히 흑인이 격리된 반투 홈랜드에는 항상 무장 경찰이 동원되었다. 벤치, 공원, 화장실, 해변 등 백인 지역의 모든 시설은 인종에 따라 따로 마련되었다. 그나마 흑인 남성을 위한 시설은 조금이나마 있었지만 흑인 여성을 위한 시설은 없었다. 다른 인종이 백인 지역에 방문하는 것을 최대한 줄이기 위해서였다.

다른 인종끼리 결혼하거나 성관계를 맺으면 법적으로는 여성과 남성 모두 감옥에 수감되어야 했다. 하지만 백인, 특히 백인 남성에게 이 법이 적용되는 경우는 거의 없었다. 경찰에게는 유색인을 사살할 수 있는 권한이 주어졌고 홈랜드 안과 그 주변에서 사람이 죽는 것은 흔한 일이었다. 특히 여성이라면 언제 어디서 폭력, 강간, 살해당할지 몰라 항상 경계하며 살아야 했고 결혼하지 않은 흑인 여성이 혼혈아를 낳는 경우도 적지 않았다. 흑인 지역에서 컬러드인 외형을 닮은 아이를 키우는 사람은 언제 경찰이 잡아서 연고도 없는 컬러드인 지역에 내보낼지 몰라 아이를 숨겨 키웠다.

흑인은 고급 인력이 될 수 없도록 손바느질이나 농업, 산수 등 순수하게 노동력 향상에 도움이 되는 교육만 받게 했다. 이들에게 투표권이 없는 것은 당연했다.

아파르트헤이트에 반대하는 움직임

철저한 인종 차별 정책에 대해 반대하는 세력이 생기기 시작했다. 1900년대 초 흑인의 이익을 대표하기 위해 세운 아프리카민족회의는 해외 정부에 파견단을 보내며 평화 운동을 전개했고 1950년대가 가까워지면서 더 활발하게 활동을 이어나갔다. 월터 시술루*Walter Sisulu*와 넬슨 만델라 등의 운동가가 함께 활동한 아프리카민족회의는 1952년에는 남아프리카인도인회의, 아프리카국민단체, 사회주의정당과 힘을 모아 백인만을 위해 마련된 시설을 이용하는 사상 최대의 유색인 시위를 진행했다. 이를 계기로 아프리카민족회의는 10만 명에 달하는

● 샤퍼빌 학살로 희생된 사람들(출처-South Africa Grade 10 History Textbook)

회원을 얻어 더 강한 저항력을 보일 수 있었다.

1960년 범아프리카회의는 요하네스버그 주변 타운십 샤퍼빌에서 통행법에 반대하며 시위자 5,000여 명과 대규모 시위를 벌였다. 하지만 경찰 300명의 과잉 진압으로 69명이 죽고 180명이 다치는 '샤퍼빌 학살'이 일어났다.

이 학살에 대한 시위로 3만 명이 모여 평화 시위를 벌였고 이를 계기로 아프리카민족회의는 무력 항쟁을 준비하여 수차례의 게릴라 전투를 이어갔다. 이에 더 엄격한 보안법을 제정한 정부는 죄의 입증 없이도 판결을 내리는 것을 합법화시켜 아프리카민족회의를 불법화하고 넬슨 만델라를 비롯한 다른 저항운동가들에게 무기 징역을 내려 로빈섬에 수감했다.

1970년대에는 흑인 청년들이 백인 정부에게서 정신적으로 독립하여 자유를 찾으려는 움직임이 일어났고 아파르트헤이트 정책을 뒤엎어버리는 목적으로 '흑인의식운동'을 시작했다.

당시 교육 커리큘럼은 영어 및 민족 집단 언어로 되어있었는데 1976년 백인 정권이 나서서 교육 커리큘럼의 기본 언어를 아프리칸스어로 바꾸었다. 그러자 요하네스버그 남쪽에 있는 남아프리카공화국 최대 타운십, 소웨토 지역의 학생들이 모국어로 공부할 권리를 빼앗은 정부의 결정에 저항하는 대규모 시위를 벌였다.

경찰은 가스총과 실탄을 무차별 발포해 많은 사상자를 냈다. 이를 계기로 전국적으로 대규모 시위가 수차례 일어났으며 경찰의 무력 대응으로 총 700여 명에 달하는 사상자가 발생하고 말았다. 이 시위가 준 충격으로 전국에서 수많은 조직이 생겨났고 직간접적으로 자유 항쟁에 불을 붙였다.

샤퍼빌 학살에 대한 소식이 알려지자 세계는 비인도적인 아파르트헤이트의 잔혹함에 경악을 금치 못했다. 남아프리카연방을 향한 온 세상의 따가운 시선은 이전보다 더 심해졌다. 서방 국가와 유엔 정부는 아파르트헤이트 정책을 비판했고 이에 대한 제재를 가하기 시작했다.

유엔에서는 각 회원국에게 남아프리카연방과의 정치, 문화 및 경제적 교류를 끊으라고 권고했다. 1962년에는 흑인 정당이라는 이유로 오랜 시간 핍박 받은 아프리카민족회의의 합법화를 지지했고 당 대표 알버트 루툴리*Albert Luthuli*에게 노벨 평화상을 수여했다.

미국은 반아파르트헤이트법을 제정해 남아프리카연방과의 1차 산업 산물에 대한 무역을 금지했고 남아프리카연방 사람이 미국 기업에 투자하거나 대출하는 것을 금지하는 등 경제적 제재를 가했다. 올림픽 같은 문화적 이벤트에서 제명당하는 일도 잦았다.

역사적으로 남아프리카연방과 가까워 경제적으로 다양한 혜택을 보고 있던 영국까지도 국내외에서 아파르트헤이트에 반대하는 목소리가 커지자 1960년대부터 태도를 바꾸기 시작했다. 이러한 분위기는 1980년대까지도 지속되었고 남아프리카연방의 내부 사정은 점점 나빠질 수밖에 없었다.

연방에서 공화국으로

1960년대 남아프리카연방에서 가장 큰 힘을 가지고 있던 국민당은 영연방에 속한 채로 연방에서 공화국으로 전환하기를 원했다. 하지만 아파르트헤이트에 대한 전 세계의 맹렬한 비난이 계속되었고, 1961년 5월 31일 런던에서 가진 회담 끝에 독립적인 국가가 되어 '남아프리카공화국*Republic of South Africa*'이라는 새 이름을 얻었다. 자주적인 국가가 된 남아프리카공화국의 백인 정부는 전보다도 더 엄격하게 인종에 따라 사회를 나누었다.

1980년대가 다가오자 세계 대부분의 국가가 자유를 찾았고, 아파르트헤이트에 대한 세계인의 차가운 시선과 제재는 점점 심해졌다. 이를 지켜보던 백인들은 불안에 떨기 시작했다. 백인만의 유토피아를 꿈꾸던 그들의 환상은 현실에서는 실현될 수 없음을 깨달았다. 전 세계에서 고립된 남아프리카공화국은 경제적으로도 정치적으로도 혼란을 겪게 되었고 많은 백인이 자신의 안녕을 위해 해외로 이민을 떠났다.

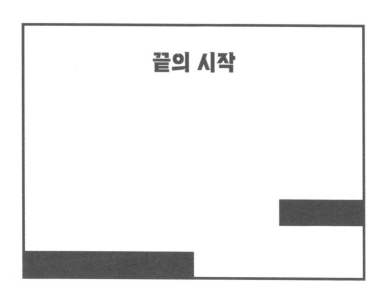

끝의 시작

남아프리카공화국 정부도 태도를 바꿀 때가 왔다. 현직에 있던 피터 빌렘 보타_P.W. Botha_ 대통령은 경제적인 문제를 더 중시하는 사람이었고 그는 곧 개혁을 시작했다.

흑인의 노동조합을 합법화하고 흑인 교육에 예산을 더 할당했으며 모든 피부색의 시민에게 투표권을 주었다. 인종 간의 결혼과 성관계를 합법화했고 모든 인종이 모든 시설을 이용할 수 있게 했으며 통행법을 없앴다.

이후 피터 빌렘 보타 대통령은 다시 강경 대응으로 무력을 사용했으나 뇌졸중으로 쓰러지면서 프레데리크 빌렘 데 클레르크가 대통령 자리에 앉게 되었다. 피터 빌렘 보타 전 대통령보다 스무 살이나 젊은 프레데리크 빌렘 데 클레르크 대통령은 세계가 돌아가는 현실에 민감한 사람이었다.

세계 곳곳에서 자유 얻는 데 성공한 이들의 외침이 들려왔다. 프레데리크 빌렘 데 클레르크 대통령은 공격적인 개혁을 시행하여 남아프리카공화국이 민주주의의 기반을 닦도록 도왔으며 1990년에는 넬슨 만델라를 석방했다.

1991년 프레데리크 빌렘 데 클레르크 대통령은 석방 후 아프리카민족회의 대표로 선출된 넬슨 만델라와 협업하며 새 헌법을 만들며 민주주의 국가를 설계했다.

세계는 순조롭게 진행되는 남아프리카공화국의 평화를 보며 찬사를 날렸지만 전국 곳곳에서는 백인 극단주의자가 활개했고 많은 이가 피를 흘렸다. 특히 흑인이 거주하는 반투 홈랜드에서는 온갖 사건이 일어나 사람이 죽는 일이 흔하게 일어났다.

1994년 4월 26일 전 세계가 지켜보는 가운데 최초로 다인종 선거가 이루어졌다. 수백 년의 분리된 역사를 이어온 남아프리카공화국이 처음으로 동등한 높이에서 모두를 바라보는 순간이었다. 이를 현실화한 넬슨 만델라와 아프리카민족회의는 노벨 평화상을 공동 수상했다. 대주교 데스몬드 투투는 다양한 피부색을 가진 사람들이 하나가 되어 새로 만들어갈 세상을 두고 희망을 담아 '무지개 나라'라는 이름을 지어주었다.

과오를 바로잡고자 애쓴 새 정부

새 정부는 망가진 세월을 바로잡아야 했다. 경제적으로 힘든 상황이었고 가난에 찌든 유색인의 삶은 버거웠다. 그들은 수십, 수백 년 전 빼앗긴 집과 땅을 되돌려받기를 원했고 그동안 놓친 기회도 보상받기를 원했다. 그리고 무엇보다도 과거를 잊지 않기로 했다.

새 정부는 과거의 잘못을 바로잡기 위해 처벌적 통제와 회복적 정의를 모두 고려하기로 했다. 1995년 정부는 '진실과 화해 위원회'를 세우고 데스몬드 투투 대주교를 의장으로 임명해 인권 착취 사건을 조사하고 기록했으며 피해자에게 배상을 권장하고 가해자에게는 특정 요건을 충족할 수 있도록 일정 기간 사면해주기로 했다.

사면을 요청한 이들은 아파르트헤이트 체제의 공무원뿐 아니라 아프리카민족회의와 범아프리카회의 등 해방 조직도 포함하도록 해 모든 사람이 자신의 행동에 대한 결과를 마주하게 되었다. 1996년에는 모두의 평등을 법으로 보장하는 새 헌법이 통과되었다.

남아프리카공화국이
숨 쉬는 오늘

새 나라에서는 피부색과 상관없이 모든 사람이 자유롭게 직업을 구하고 살 곳을 정하며 가고 싶은 곳에 갈 수 있다. 정부는 흑인 중심의 정책을 제정해 과거에 핍박받은 이들에게 교육, 기술, 직업 및 사업 분야에서 더 많은 혜택을 주고자 했다.

포괄적 흑인경제육성법 정책은 주요 자리에 흑인을 비롯한 유색인 비율과 흑인 소유 사업장과 거래하는 비율 등 여러 조건을 채우면 정부가 혜택을 주는 정책이다. 대학 입시에서도 입학 조건을 낮춰서라도 흑인 학생에게 좀더 많은 입학의 기회를 주어 대학생의 인종 비율과 전인구 비율을 맞추기 위해 노력하고 있다.

하지만 강 이름부터 공원, 건물, 대학, 길 이름까지 아직도 남아프리카공화국에는 식민지 지도자와 보어 지도자의 이름이 남아있다. 우리나라로 따지면 '종로' 대신 '이토 히로부미로'가 적혀있는 꼴이다.

정부는 토지 개혁을 통해 많은 사람에게 오래전 강제 퇴거로 잃어버린 땅을 돌려주었고 공교육에도 더 많은 예산과 자원을 채워 넣고 있다. 하지만 아직도 절대 대다수는 기약 없는 기다림 속에 살고 있으며 과거에 기회를 빼앗긴 사람들은 아직도 그 기회를 되찾지 못한 경우가 많다. 그리고 그들의 자녀 또한 과거의 혜택을 누린 사람보다 교육 기회나 자원 등을 제대로 누리지 못하고 있다.

수백 년이 지난 지금 새로운 세대가 세상을 이어받고 있다. 잘못은 이미 오래전 죽은 사람이 했으니 아무리 그 자손이 실권을 이어받았더라도 과거에 착취당한 사람의 자손에게 무조건 전 재산을 내어줄 수도 없고, 과거에 조상이 착취당했다고 해서 가해자 후손의 전 재산을 무조건 빼앗을 수도 없는 노릇이다. 이미 많은 것이 뒤얽혀버려 정확히 어떤 것을 얼마만큼 돌려줘야 하는지도 불분명하다.

그렇다고 못 본 척 덮어버릴 수도 없다. 평등한 자리에서 서로를 바라볼 생각이라도 할 수 있는 지금이 나은 것은 확실하다. 경제적인 격차는 수십 배에서 수천 배까지 나지만 절대적인 태생이 아니라 노력과 운으로 어떻게든 바꿔볼 틈이라도 있는 지금이 낫다.

수백 년간 답습된 잘못된 문화를 엎어버리고 불과 30년 만에 이 정도의 변화를 이끌어낸 것만으로도 충분히 희망찬 미래를 기대할 수 있는 것 또한 사실이다. 이렇게 변화하는 역사를 살아내며 앞으로의 30년이 가져올 새로운 세상은 얼마나 달라질지 남아프리카공화국 사람들은 각자의 무지갯빛 세상을 그려본다.

남아프리카공화국 속 또 다른 나라, 레소토

깨끗한 물이 많이 나는 청정한 나라, '소토●' 사람의 나라'라는 뜻을 지니고 있는 레소토는 특이하게도 남아프리카공화국 안에 쏙 들어가 자리 잡고 있다. 우리나라의 3분의 1도 채 안 되는 작은 나라, 레소토는 마치 작은 산속 마을이나 되는 마냥 산맥이 겹이 진 높은 고도에 위치해있다. 킬리만자로산 남쪽 아프리카 땅에서 가장 높은 산봉우리, 타바나 은틀레냐나 또한 이곳에 있다. 고도가 높고 물이 많은 이곳에는 겨울마다 눈과 얼음이 머물고 간다.

이곳 사람 대부분은 농업과 축산업계에 종사하는데 발굽에 흙을 진탕 묻힌 채로 자유를 만끽하며 풀을 뜯는 소 떼를 자주 볼 수 있다. 남아프리카공화국보다도 더 자연친화적인 곳이다. 물이 많이 나기 때문에 항상 물이 부족한 남아프리카공화국에 상당량의 물을 수출한다. 1차 산업 위주로 발달한 터라 이곳 사람들은 가깝고 출입이 자유로운 남아프리카공화국에 공부하러 가거나 일을 구하러 간다.

● 'Sotho'라는 단어는 한국어 자료에서 '소토' 또는 '수투' 등의 여러 단어로 차용되어 다소 헷갈릴 수 있으나 같은 단어이다. 레소토인의 현지 발음에 따르면 정확하게는 '소-투'라는 발음과 가장 가까우나 빨리 발음할 때는 '수투'처럼 발음된다.

● 레소토 전통 건축물

● 레소토 전통 의복을 입고 있는 전통 의사
(출처-@전예지)

지금의 레소토 영토에는 17세기부터 소토 사람들이 옮겨와 살았다. 소토족의 모슈에슈에*Moshoeshoe* 왕은 여러 곳에서 다른 민족 집단의 공격을 받아 피난 온 다양한 소토족을 통일해 줄루족과 맞서 싸워 영토를 지켰다. 하지만 계속되는 보어인과의 대립에 모슈에슈에 왕은 영국에 도움을 요청했고 19세기에 영국 보호령이 되었다. 많은 국가의 독립이 이루어지던 1900년대 후반 레소토는 새 나라를 준비하던 남아프리카공화국의 통일 제안을 거부하고 1966년 독립 국가로 남았다.

함께 생각하고 토론하기

영토와 세력을 확장하기 위해 유럽은 나라 안팎에서 전쟁을 끊임없이
벌였습니다. 그러나 큰 장애물 앞에서 유럽인은 힘을 모아 남아프리
카공화국의 실질적인 세력을 정복시켰습니다. 남아프리카공화국 토
착 민족들은 유럽 못지않게 발달한 체계를 갖추고 있었으며 당시 세
계를 제패했던 영국이 식민지 역사상 가장 크게 패할 정도로 전투에
두각을 발휘하기도 했습니다.

● 남아프리카공화국의 토착 민족이 유럽인에게 패한 이유가 무엇
인지 이야기를 나눠봅시다.

아파르트헤이트는 46년간 끔찍한 인종 차별을 법제화하여 전 국민에
게 철저한 인종 차별과 비인간적 행동을 답습하게 했습니다. 언론 제
한, 일자리 제한, 무단 체포와 처벌, 교육 제한, 언어 폐지 등 한국의 식
민지 경험과 닮은 점이 많습니다.

●● 식민지 통치는 꼭 무력과 문화적 말살을 통해야만 가능할까
요? 역사 속에서 비윤리, 비인간적이지 않았던 식민지 또는 지배국
을 찾아봅시다.

30년 전 남아프리카공화국에서는 인종에 따라 다른 지역에 분리되어 생활했으며 도로, 벤치, 공원, 일자리 어느 것 하나 함께 쓸 수 없었습니다. 30년이 흐른 지금 남아프리카공화국 사람은 피부색을 막론하고 함께 어울려 밥을 먹고 즐겁게 담소를 나눕니다.

● ● ● 지금 남아프리카공화국 사람이 그려야 할 미래는 무엇이며 꿈꾸는 미래를 실현하기 위해 무엇을 해야 하는지 생각해봅시다.

● ● ● ● 인종이란 무엇이며, 누가, 어떤 것을 기준으로 만든 개념일까요? 동양인, 흑인, 백인이라는 세 가지 기준은 항상 맞아 떨어질까요? 중동 사람은 백인일까요? 흑인일까요? 아니면 동양인일까요? 티벳 사람은요? 다음에 설명된 사람은 어떤 인종에 속하는지 이야기를 나눠봅시다.

- 아일랜드에서 나고 자란 피부색이 어두운 사람
- 한국에서 나고 자란 피부색이 하얀 사람
- 히잡을 두른 피부색이 하얀 사람
- 유대교 모자인 키파를 쓴 피부색이 아주 어두운 사람
- 아일랜드에서 태어났지만 나이지리아 출신 어머니와 일본 출신 프랑스인 아버지 사이에서 태어난 사람

4부
문화로 보는
남아프리카공화국

빗방울은 표범의 살갗에 닿을 수는 있어도
그 무늬를 씻어내지는 못한다.

다양한 전통이 살아있는 음식

독특한 카레 향신료를 부드럽게 품은 그을린 버터향, 뜨겁게 달궈진 그릴의 격자 자국과 고소한 감칠맛이 그대로 느껴지는 신선한 양갈빗살, 포근한 달걀 이불 아래 달큼한 양념을 한 보슬보슬 소고기 층.

음식이 갖는 힘은 참 대단하다. 먹음직한 요리를 한입 먹으면 그 음식이 담고 있는 모든 것이 함께 어우러져 새로운 맛을 내는데 마치 그 요리가 품은 수많은 이야기를 새로 풀어내는 듯한 느낌까지 든다.

수많은 전통이 살아있는 남아프리카공화국에서는 다양한 문화권의 음식을 찾아볼 수 있다. 흥미롭게도 이곳에서 나고 자란 사람 중에는 배경을 막론하고 다른 문화권 음식에 크게 익숙하지 않은 경우가 많다. 문화적 다양성의 중요성을 국가 수준에서 인정하고 도모하는 나라에서 여러 종류의 음식을 만나볼 수 있는데도 사람들은 익숙한 곳을 다니고 익숙한 생각을 하고 익숙한 음식을 먹는 것을 더 즐거워한다. 각자의 다름을 인지하고 자신의 영역 안에서 사는 것이 편안한 모습이다.

서로의 문화에 관심을 갖고 접해보려고 노력하는 분위기가 조성되면 아직 남아있는 서로에 대한 편견을 줄이고 믿음을 쌓는 데 도움이 될 수 있지 않을까라는 생각을 해본다.

브라이*Braai*

생김새도 생활 방식도 각기 다른 남아프리카공화국 사람들. 하지만 이 모든 사람의 공통분모가 되어주는 음식이 있다. 바로 직화 구이이다. 준비도 번거롭고 뒤처리도 귀찮지만 요리에 남은 불맛은 모든 문화를 매료시키고도 남는다.

남아프리카공화국 문화에서 브라이는 큰 부분을 차지한다. 브라이는 남아프리카공화국식 직화 바비큐로, 요리뿐 아니라 직화로 음식을 구워 먹는 행위 자체를 뜻한다. 매 주말이면 어딜 가나 브라이 불을 준비하는 나무 타는 냄새가 난다.

줄루어로는 '시사 냐마'라고도 불리는 브라이는 직화에 양, 소, 돼지, 타조, 닭 및 남아프리카공화국식 소시지 보르보스

등을 그릴에 올리고 붉은 빛
의 브라이용 가루 양념 브라
이 솔트*를 뿌려 굽는 요리
이다. 이와 함께 직화에 구
워 먹는 빵, 루스터쿡(다른 이
름 로스틸레)을 굽고 다른 곁

● 브라이로 즐기는 다양한 재료

들임 요리 또는 빵과 야채와 함께 식탁에 낸다. 전체적으로 지
방과 단백질이 많아 약간은 느끼한 브라이의 짠맛을 중화시키
는 루스터쿡은 불 향을 입어 겉은 바삭하고 안은 촉촉한 식감
을 가진다.

　남아프리카공화국에서 브라이는 하나의 문화이기도 하다.
가족끼리 단란한 시간을 보내거나 지인을 초대해서 저녁식사
를 할 때는 물론이고 동호회, 지역 사회 모임, 신입생 환영회
와 같이 다양한 문화의 사람이 모여 식사할 때도 자주 선택하
는 케이터링 방식이다.*

　날씨가 좋은 여름에 브라이를 많이 하는데 대개 남자는 불
피우기부터 고기를 구워내고 치우는 것까지 불과 관련한 모든

● 브라이 특화 양념인 브라이 솔트는 소금, 후추, 설탕, 마늘, 파프리카를 기본으로 취
향에 따라 커민, 로즈마리, 세이지 등의 다양한 향신료를 더해 만든다.

● B.Y.O.(Bring Your Own) 방식으로, 각자가 먹을 고기나 소시지를 갖고 와서 다 구워
지면 접시에 덜어 함께 식사하는 것인데, 한 사람이 대량의 식재료를 준비하고 구워
대접해야 하는 부담이 없어 사람이 많이 오는 편한 자리일수록 B.Y.O 방식으로 먹는
경우가 많다.

일을 담당하고, 여자는 부엌에서 전채나 반찬을 준비하거나 고기와 함께 구울 야채를 다듬는다. 요리가 준비되면 다들 불 주변에 모여 앉거나 야외에 마련해둔 식탁에 둘러앉아 식사를 한다. 식사 준비부터 실제로 음식을 먹기까지는 몇 시간이 걸린다. 그동안 대화를 나누며 여유롭게 시간을 보낸다.

남아프리카공화국 사람에게 브라이는 중요한 문화이기 때문에 다양한 문화적 뿌리를 기념하는 헤리티지 데이(9월 24일)를 국립 브라이 데이라고도 부른다. 브라이를 하며 함께 뿌리를 기념하자는 취지이지만 이곳 사람들이 얼마나 브라이를 좋아하면 전 국민의 사심을 채우기 위해 공휴일까지 만들어버린 것이냐는 우스갯소리까지 나온다.

보르보스_Boerewors

보르보스는 남아프리카공화국식 소시지로, 소고기가 주재료이며 양고기 또는 돼지고기를 섞어 만들기도 한다. 고기가 90퍼센트 이상 함유되어있어 우리에게 익숙한 소시지보다 식감이 훨씬 거칠다. 또한 고수씨, 흑후추, 너트메그, 클로브를 비롯한 여러 향신료를 한데 섞은 올스파이스로 양념하기 때문에 처음 접하면 호불호가 갈릴 향이 난다.

남아프리카공화국에서 보르보스는 우리나라의 삼겹살만큼이

나 친숙한 식재료이다. 브라이에 보르보스가 빠지지 않는 것은 물론이고 팬에 구운 보르보스에 빵이나 팝과 같은 탄수화물을 곁들여 간단한 한 끼 식사로 먹기도 한다.

● 밀리 밀(왼쪽)과 보르보스(오른쪽)
(출처-https://melitahoney.com)

오래 볶아 풍미를 낸 채 썬 양파와 바싹 구운 보르보스 한 줄을 얹은 보르보스 롤은 핫도그보다 인기가 많다. 토스트만큼이나 간편하고 저렴하게 사먹을 수 있는 길거리 음식이다. 점심시간 즈음 도심을 걷다 보면 보르보스 롤을 파는 노점상을 자주 발견할 수 있고 페스티벌이나 플리 마켓 등 사람이 많이 모이는 곳이라면 어디든 쉽게 볼 수 있다.

팝Pap

남아프리카공화국 KFC에 가면 눈에 띄는 메뉴가 있다. 바로 팝과 그레이비인데 보통은 으깬 감자에 그레이비를 먹지만 남아프리카공화국에서는 감자 대신 팝을 먹는다.

아프리카 전역에서 쉽게 볼 수 있는 메이즈 밀과 비슷한 이 음식은 다른 남부 아프리카 지역에서와 같이 밀리 밀로도 불

리는데 서부 아프리카의 우갈리와 비슷하다. 아시아 국가에서
밥을 먹는 것과 마찬가지로 남아프리카공화국에서는 팝에 다
른 반찬이나 그레이비 등을 곁들여 먹는다.

케이프 말레이 요리

　다양한 종류의 인도 카레가 있듯이 남아프리카공화국에서
는 케이프타운 버전의 다양한 케이프 말레이 커리가 있다. 우
리가 잘 알고 있는 인도 카레와 비슷하지만 한입 먹어보면 왠
지 동남아시아가 떠오른다.

　케이프 말레이 음식은 동남아시아 요리의 향과 조리법 그리
고 남아프리카공화국의 식재료가 만나 달면서도 약간 신맛을
내는 것이 특징이다. 대표 요리로는 양고기를 뼈째 조린 달콤
한 데닝 플레이스와 약간의 매운맛이 가미된 비프 커리, 토마
토 향이 주가 되는 토마토 브레디가 있다.

● 버니차우(출처-@전예지)

　가장 유명한 남아프리카
공화국 커리로는 버니차우
가 있는데 이 음식은 슬픈
유래를 가지고 있다. 아파르
트헤이트 시절 유색인이 실
내에서 식사할 수 있도록 허

가 받은 식당이 많지 않아 많은 유색인이 식당 옆에 줄지어 간편식을 사 먹곤 했다. 이동하기 쉽고 배부르게 빨리 먹을 수 있는 음식이 마땅치 않던 시절 누군가 통식빵 안쪽을 뜯어내 식용 용기를 만들고 그 안에 커리를 담아 팔기 시작한 것이 지금까지 이어져온 것이다.

보보티Bobotie

누군가는 보보티를 남아프리카공화국식 미트로프라고도 부른다. 비록 맛은 많이 다르지만 이 요리의 재료를 보면 그렇게 부르는 이유도 알 것 같다. 라자냐를 닮은 케이프 말레이 음식인 보보티는 동남아시아 문화의 영향을 받은 음식으로, 비슷한 요리로는 '보보똑'이라는 인도네시아 요리가 있다.

보보티는 다진 소고기 또는 양고기를 양파와 함께 버터에 볶다가 살구나 건포도 같은 단맛이 강한 과일을 섞고 강황 양념을 친 후 그 위를 달걀 이불 한 겹 덮어 구워내는 음식이다. 포크로 계란을 깨면 보슬보슬하고 달짝지근한 고기가 나온다.

한입 가득 물면 커리 특유의 향과 고기의 부드러운 식감이 독특한 느낌을 준다. 미국의 미트로프처럼 '집밥'을 떠올리게 해 남아프리카공화국 사람에게 위안을 주는 음식으로 통한다.

● 개츠비(출처-travelbite.com)

굉장히 고급스러운 이름을 가진 이 음식은 사실 서민 음식이다. 컬러드인이 많이 사는 지역에서 특히 많이 팔며 도심에서도 패스트푸드를 파는 작은 음식점에서 버거, 보르보스 롤 등과 함께 판매하는 친근한 메뉴이다.

개츠비는 60센티미터는 족히 되어 보이는 긴 빵에 다양한 고기 요리, 손질한 채소, 감자튀김, 달걀프라이 등을 넣어 만든 샌드위치로, 서너 명이 함께 시켜서 몇 조각으로 잘라 먹는 음식이다. 물가가 비교적 비싼 도심에서도 긴 샌드위치 하나가 한국 돈으로 9,000원 정도이니 네 명이 나눠 먹으면 1인당 2,000원대에 한 끼를 해결하는 셈이다. 안에 들어가는 재료에 따라 만들 수 있는 개츠비 종류 또한 다양하다.

팻쿡*Vetkoek*

팻케이크 또는 아마귀냐라고도 불리는 팻쿡은 튀겨낸 밀가루 빵을 갈라 분홍 소시지인 폴로니와 같은 햄을 끼워 먹거나 치킨 커리, 참치 마요 등의 내용물을 넣어 샌드위치처럼 먹는 서민 음식이다.

● 팻쿡(출처-@전예지)

튀긴 음식이어서 빵 자체에서 약간의 감칠맛을 느낄 수 있는데 이 빵 하나만 먹어도 배가 부르다. 타운십과 같이 서민이 많이 사는 곳에서 특히 많이 볼 수 있다. 팻쿡은 소수의 브랜드 마트에서도 판매하는데 마트에서는 빵 하나에 100원에 팔고 커리와 같은 속을 넣은 팻쿡은 약 1,000원에 판매한다.

빌통*Biltong*

남아프리카공화국 대표 간식으로 빌통을 빼놓을 수 없다. 빌통은 유럽 이민자들이 고기를 저장하기 위해 말려 먹던 것이 지금까지 이어져 내려온 남아프리카공화국식 육포이다. 우리에게 익숙한 미국식 육포보다 도톰해서 보통 작게 잘라 먹는다. 훈제 처리를 하지 않으며 통후추, 고수씨, 식초 등이 기본이 되는 독특한 향신료를 첨가한다.

빌통은 향신료가 생고기의 육즙을 그대로 가둔 듯한 특이한

● 미리 썰어놓은 빌통과 드로보스

향을 자랑한다. 그렇기 때문에 처음 접하는 사람은 강렬한 향에 놀라기도 하지만 대부분은 머지않아 빌통에 계속 손을 뻗는 자신을 발견하고 만다.

기본적으로 실버사이드(허벅지살 부위)와 같은 기름이 많지 않고 고기가 큰 부위를 길쭉하게 손질하고 향신료를 잘 묻혀 건조시킨다. 스프링복, 쿠두, 타조 등 야생 동물로도 만들고, 닭가슴살이나 삼겹살 같이 비교적 친숙한 재료로도 만든다. 빌통과 비슷한 음식으로는 드로보스가 있는데 이는 보르보스를 그대로 말린 것이다.

차카라카 Chakalaka

재미있는 이름을 가진 차카라카는 양배추와 당근 같은 채소와 콩을 섞어 매콤하고 약간 신맛이 나는 양념을 한 붉은색 반찬이다. 팝이나 빵 또는 밥과 메인 요리를 먹을 때 곁들여 먹는데 꼭 김치를 먹는 것 같은 착각이 든다.

차카라카는 아프리카식 음식, 즉 흑인 문화의 요리를 파는 음식점에 가면 맛볼 수 있다. 마트의 핫푸드 코너에서도 살 수 있고 캔으로 만들어진 차카라카도 쉽게 찾을 수 있다.

자연과 사람이
만들어낸 특산물

좌우로 영토가 길어 다양한 기후와 환경을 지닌 남아프리카 공화국에는 특산물 또한 다양하다.

루이보스 *Rooibos*

한국에서도 유명세를 얻은 루이보스차는 남아프리카공화국에서는 보리차만큼이나 친근하다. 남아프리카공화국에는 잎이 작아 선인장을 닮은 듯한 식물이 많다. 이런 생김새의 식물을 페인보스 종류라고 하는데 루이보스도 여기에 속하는 덤불 식물이다.

● 루이보스 생잎과 산화를 마친 루이보스차(출처- carmientea.co.za, Unsplash @Teacora-Rooibos)

아프리칸스어로 '빨간 덤불'이라는 뜻을 지닌 허브 식물 루이보스는 녹차처럼 생잎일 때는 녹색 빛을 띠고 재배 후 산화하는 과정에서 특유의 붉은 빛으로 변한다. 카페인이 없고 항산화 성분이 함유되어있어 온종일 즐길 수 있고 건강에도 도움이 된다.

현지에서는 찻잎이나 티백으로 차를 우려 설탕과 우유를 섞어 달큰하고 따뜻하게 마신다. 인기가 많아서 남아프리카공화국만의 음료인 레드 카푸치노로도 많이 마신다. 커피 원두 대신 루이보스 찻잎으로 빨간 에스프레소를 내려서 우유와 우유거품으로 모양을 내고 꿀로 당도를 높여 달달하게 만든 음료이다. 이 위에 시나몬 가루를 첨가해 마시기도 한다.

시중에는 캡슐 커피 머신으로 마실 수 있도록 캡슐 상품도 나와 있다. 원두로 만든 카푸치노보다 부드럽고 달달해서 속이 편한 무카페인 음료로 마시기 딱 좋다.

케이프타운에 도착한 유럽인은 이곳의 온화한 기후와 많은 산맥을 보고 유럽처럼 와인용 포도를 기르면 좋겠다고 생각했다. 처음 와인 재배용 포도를 심은 것은 1600년대 케이프타운 총독이었던 얀 판 리벡으로 기록되어있으며 이후 프랑스인이 들어와 와인 산업이 활성화된 것으로 알려져 있다.

현재 웨스턴케이프주에는 약 560개의 와이너리가 운영되고 있으며 많은 와이너리가 와인과 식사뿐 아니라 피크닉, 호텔, 스파 등 다양한 서비스를 함께 제공하고 있다. 와이너리로 향하는 길은 드넓은 농장과 포도밭 그리고 높이 솟은 돌산맥이 끝없이 이어지기 때문에 누구와 함께하더라도 특별한 경험을 할 수 있다.

● 드 레어 그라프 와이너리(출처-@Delaire.co.za)

시트러스 과일

겨울이 다가오는 시기면 어김없이
남아프리카공화국 마트에는 시트러스
과일이 가득하다. 오렌지부터 레몬,
라임, 자몽, 귤까지 저렴한 가격으로
많은 양을 살 수 있는데 특히 귤 종류
는 얼마나 다양한지 제주산 시트러스
과일의 종류를 생각하면 될 정도이다.

특히 자몽은 한국에 많이 수출되고
있어 웬만한 슈퍼마켓에서는 커다란
남아프리카공화국산 자몽을 찾아볼 수

● 웨스턴케이프주 세레스
지역의 오렌지로 만든 주
스(출처-ceresfruitjuice.
com)

있다. 포카리스웨트 음료에도 남아프리카공화국산 자몽즙이
들어가 있다.

악마의 발톱

이름부터 무시무시한 악마의 발톱은 생긴 것부터 범상치 않
다. 나미비아, 보츠와나, 남아프리카공화국에 걸쳐 있는 건조
한 칼라하리 지역에서 자라는 악마의 발톱은 식욕을 돋우고 속
쓰림을 완화하며 통증과 염증을 줄이는 것으로 유명하다. 또한

● 악마의 발톱(출처-indiamart.com)

알레르기와 신장, 간 건강에 도움을 준다.

악마의 발톱 뿌리는 전통 약재로도 쓰이며 차로 우려 마시면 위장 문제와 스트레스를 완화시킨다. 남아프리카공화국 토착민은 전통적으로 관절염과 류마티즘 치료에 사용해왔다. 악마의 발톱은 쓴맛이 나지만 약효 덕분에 여행객이나 지인에게 건넬 선물용으로 많은 사랑을 받고 있다.

남아프리카공화국의 식료품점

어느 나라를 방문하든 그 나라의 식문화를 가장 쉽게 볼 수 있는 곳은 식료 품점이다. 식료품점에서는 해당 국가에서 사랑받는 음식과 식재료뿐 아니 라 그들의 생활 방식과 전반적인 산업 환경까지도 파악할 수 있다.

문화와 사회 경제적 배경이 다양한 남아프리카공화국에서는 다양한 브 랜드의 식료품점이 각기 다른 고객층을 대상으로 한다. 가장 보편적으로 이용하는 픽앤페이*Pick n' Pay*는 중산층이 주요 고객층이고 도시 근방 지역 에서 가장 흔히 볼 수 있으며 남아프리카공화국 대표 식재료를 적당한 가격에 판매하는 식료품점이다. 체커스*Checkers*는 픽앤페이와 비슷한 물품 을 비슷한 가격대로 판매한다. 숍라이트*Shoprite*는 남부 아프리카의 다른 나라에도 있는 브랜드인데 주로 아프리카 기준 중산층이 주요 고객층이 고 값싼 식자재와 흑인 문화에서 익숙한 물품을 판다. 울워스*Woolworths*는 남아프리카공화국 상류층이 주요 고객이고 질 좋은 식자재를 비교적 비 싼 값에 판매하는데 보통 한국의 이마트 정도 물가라고 생각하면 된다.

시골에 가면 대형 브랜드 식료품점은 찾기 힘들지만 오케이*OK* 브랜드가 지역 사회의 먹거리를 담당한다. 오케이 브랜드는 시골 어디든 마을이 있 는 곳이라면 시내에서 쉽게 볼 수 있는데 물류 이동이 잦은 도시와는 거 리가 있어 물품 대비 가격이 비싼 편이다.

● 슈퍼마켓에서 파는 브라이용 양고기

또한 도시에서는 다양한 문화적 배경을 가진 사람이 모여 살기 때문에 온갖 음식을 접할 수 있다. 특정 문화권 사람이 모여 사는 곳에서는 같은 브랜드의 식료품점이라도 해당 문화 고유의 식료품을 판매한다.

예를 들어 유대인이 많이 사는 동네의 프랜차이즈 식료품점에는 코셔 제품이 많고, 지점 내 베이커리나 즉석 코너에서도 할라와 같은 이스라엘 전통 빵이나 맛조볼, 키베 등 이스라엘 혹은 중동식 식품을 판매한다. 이민 사회의 역사가 비교적 긴 독일인이 많이 정착한 동네에서는 쇼핑몰 내 다수의 매장을 독일인이 운영하고 독일산 시리얼, 사워크라우트, 소스, 치즈, 다양한 콜드 미트, 육류 등을 판매하기도 한다. 무슬림이 많이 사는 지역에서는 돼지고기를 판매하지 않고 할랄 인증 받은 식재료를 판매하거나 아예 마트 전체가 할랄 인증을 받는다.

민족 집단마다
특색 있는 전통 의복

　남아프리카공화국 사람들의 대부분은 우리와 비슷한 티셔
츠나 셔츠, 바지, 스커트와 같은 현대적인 옷을 입는다. 우리
나라만큼 유행에 민감하지 않기 때문에 시즌별로 유행에 맞춰
옷을 입는 사람은 비교적 적다. 하지만 H&M, 자라, 알마니 익
스체인지, 구찌 등의 매장에서 신상 패션을 쉽게 접할 수 있다.

　최근에는 물류망 환경이 많이 좋아져 저렴한 가격에 빠르고
안전한 배송이 가능해졌다. 이에 마이클코어스, 폴로 등의 다
국적 브랜드도 온라인 쇼핑몰을 운영하고 있다. '남아프리카공
화국의 쿠팡' 테이크어랏 그룹의 브랜드인 슈퍼발리스트가 대
표적인데 다양한 브랜드에서 트렌디하면서도 너무 비싸지 않
은 가격의 패션, 액세서리, 생활용품, 가구 등을 골라 모은 편

● 슈퍼발리스트 사이트에서 판매되는 제품(출처-superbalist.co.za)

집숍이다. 젊은 층이 주로 애용하고 있다.

전통 의상

하지만 이렇게 현대화된 남아프리카공화국 사람들도 특별한 날에는 전통 의상을 입는다. 남아프리카공화국의 전통 의상은 밝은 원색 위주의 색 조합에 반복되는 패턴이 돋보이는데 민족 집단에 따라 그 디자인이 다르다.

줄루족의 전통 의상은 우리나라에서 생각하는 아프리카 전통 의상과 가장 가깝다. 군대를 중심으로 세력을 키우고 표범을 닮고자 했던 줄루족은 짐승이나 가축의 모피를 사용해 의복을 만들어 굉장히 거친 인상을 준다.

줄루족 여성의 전통 의상은 소가죽 스커트를 입고 상의는 천을 둘러 완성하는데 현대에는 면으로 된 조끼나 비즈로 장식한 탱크톱을 입는다. 남성의 전통 의상은 가죽과 깃털을 많이 사용한다. 하의는 앞치마 형태의 옷을 두르고 팔과 무릎 아래에 소 꼬리털을 달아 몸집을 크게 보이도록 한다.

줄루족의 전통 의상에서 가장 눈에 띄는 것은 이지콜로라는 이름의 커다란 둥근 모자인데 뜨거운 해를 피할 수 있도록 1미터 남짓한 크기로 만들어 주로 결혼한 여성이 쓴다.

코사족의 전통 의상은 비교적 차분하고 신사적인 느낌을 준다. 코사족 여성은 긴 치마를 두르는데 가로로 긴 줄무늬 패턴이 주가 된다. 목에도 가로지르는 패턴으로 비즈 장식이나 프린트가 있고 그 위에 커다란 비즈 목걸이와 팔찌 및 발찌를 찬다. 이 모든 것 위로 자수가 들어간 케이프를 걸친다. 결혼했다면 머리에도 스카프를 두른다.

남성은 빳빳한 재질로 만든 품이 널찍한 셔츠를 입는데 소매와 밑단, 목 쪽에 자수 장식을 놓는다. 때로는 랩 스커트를 걸치고 어깨에는 직각의 천을 메고 비즈 목걸이를 찬다.

은데벨레족은 아주 세밀한 비즈 공예를 발달시킨 민족 집단으로 전통 의상에도 비즈 공예가 돋보인다. 여성은 딱딱한 짐승 가죽으로 만든 긴 앞치마를 입는데 이 앞치마에는 전통 기

● 줄루 전통 의상을 입고 춤을 추는 댄서들(출처-Flikr @South African Tourism)

● 은데벨레 문화마을에서 전통 의상을 입은 사람(출처-Flikr @South African Tourism)

하학 패턴이 장식되어있다. 목과 발목 및 팔에는 커다란 비즈 후프를 두른다. 결혼한 여성은 다양한 색의 줄무늬 또는 비즈 장식이 된 담요로 상체를 가린다.

남성은 가죽 앞치마를 두르고 목에는 남성성을 상징하는 비즈 공예 가슴 패널을 걸친다. 머리나 발목에는 가죽 밴드를, 어깨에는 케이프를 두르기도 한다.

아직도 동남아시아 문화를 많은 부분 보존하고 있는 케이프 말레이족은 대부분 이슬람교를 믿고 있다. 평소에는 현대 의복을 입다가 모스크에 가거나 특별한 일이 있을 때 전통 의상을 입지만 일부 사람은 평소에도 머리에 히잡을 쓰기도 하며 전통 의상 전체나 일부를 입고 생활하기도 한다. 젊은 층보다는 중년이나 노인들이 평소에 전통 의상을 많이 입는다.

다양한 문화와 역사가 담긴 건축 양식

남아프리카공화국에서는 어딜 가도 탁 트인 하늘을 볼 수 있다. 높은 건물이 없기 때문이다. 사람들은 대개 단독 주택, 타운하우스, 아파트먼트에 사는데 단독 주택과 타운하우스는 물론 아파트먼트도 높은 경우가 거의 없다. 대개 2~4층 건물로 이루어져 있다.인구 밀집이 높은 지역에는 20층에 이르는 아파트도 있긴 하지만 전체적으로 볼 때 그 비율은 아주 적다.

도시 사람이 사는 대부분의 건물은 현대화 이후 지어진 건물이어서 비교적 특이할 것이 없다. 다만 한국처럼 대단지 개발이 이루어지는 경우가 많지 않고 부동산 전문 그룹과 건축사가 비교적 작은 규모의 투자를 통해 한번에 소규모의 개발지를 개발하기 때문에 건물의 평면도나 외관이 제각각이다. 그래서

190

집 구경하는 재미가 쏠쏠하다.

한국처럼 전세라는 개념이 없고 월세와 매매만 있는데 주거비가 가장 비싼 도시 기준으로 투룸짜리 아파트의 월세는 80~90만 원 정도이다. 한국보다 저렴한 남아프리카공화국 물가와 이곳 사람들의 수입을 생각하면 굉장히 높은 수준이지만 은행 이자가 약 8~13퍼센트라는 것을 생각하면 어느 정도 납득이 가는 금액이다. 월세 보증금은 한두 달치 월세 정도로 굉장히 싼 편인데 비싸도 300만 원 이내면 입주 시 들어가는 보증금과 첫 달 월세를 모두 해결할 수 있다. 집마다 차이는 있지만 이 정도 월세가 나오는 집의 매매가는 3억 원 정도이다.

다양한 건축 양식

남아프리카공화국에는 수십 년에서 수백 년에 이르기까지 역사 깊은 건축물이 매우 많아 다양한 문화와 역사를 구경할 수 있다.

특히 유럽 이민자 사회가 처음 시작된 케이프타운 지역에서는 다양한 건축 양식을 마주할 수 있다. 도심 곳곳에는 영국 빅토리아식 건축물이 눈에 띄는데 가파른 지붕 아래 다채로운 색감의 벽, 레이스를 연상시키는 흰 장식, 높은 창문이 특징이다.

조금 시골로 들어가면 드넓은 농장이 펼쳐지며 네덜란드식

● 영국 에드워드 건축 양식으로 지어진 케이프타운 시청(출처-Unsplash @Leo Moko)

● 빅토리아 건축 양식으로 지어진 단독 주택(출처- villasincapetown.com)

● 스텔렌보시 스피어 와이너리의 네덜란드 건축 양식(출처-Unsplash @Patrick Baum)

농장 건물이 눈에 띈다. '케이프 더치'라고 불리는 이 건축 양식은 초기 네덜란드 이민자에 의해 시작되었고 보어인의 대이주로 내륙 지방까지 널리 퍼졌기 때문에 웨스턴케이프주 전역에서 쉽게 볼 수 있다.

케이프 더치 건물은 짚으로 엮은 지붕과 박공 이외에는 별다른 장식 없이 단순한 디자인의 하얀 벽이 특징이다. 높고 좁은 창문에 넓게 퍼진 단층 구조인 건물이 많지만 농장이 아닌 도시, 특히 주로 아프리칸스인이 주민인 스텔렌보시에서는 훨씬 세밀한 박공과 부가 장식이 들어간 2~3층 구조의 네덜란드 건축 양식도 볼 수 있다.

프랑스 위그노가 정착한 프란시훅은 아름다운 와인 농장으로 둘러싸인 산골짜기에 위치한 작은 마을로, 이곳에서는 프랑스 건축 양식을 볼 수 있다. 프랑스식 건축물은 뉴트럴한 색감, 세로로 길고 위가 둥근 창문틀, 턱이 높은 현관으로 이어지는 계단이 특징이다.

케이프 컬러드 문화를 그대로 품은 건축 양식도 있다. 이들의 건축물은 케이프타운 시그널 힐 아래 위치한 보캅 마을에 있다. 보캅 마을의 집은 비슷한 크기의 작은 단복층 건물로 다닥다닥 붙어 벽을 공유하는데 집집마다 알록달록 칠해진 쨍한 색이 특별한 분위기를 자아낸다. 네덜란드 양식과 영국 조지아 양식의 특징을 조금씩 닮은 보캅 마을의 집은 울타리로 둘러싸인 현관 앞 작은 베란다와 집 뒤편 마당이 있는 것이 특징이다.

● 보캅 마을 주택의 현관(출처-Unsplash @Arno Smit)

● 알록달록 쨍한 색의 집이 모여있는 보캅 마을
  (출처-Flikr @South African Tourism)

내외관의 다양성을 떠나 수십 년 이상 된 오랜 건축물은 대개 창이 작아 내부가 매우 어둡다. 사회적 안전뿐 아니라 보온, 단열 등의 다른 요소도 고려하여 지은 구조이지만 어떻게 보면 지금과 비교해 닫혀 있던 사람들의 마음을 보여주는 것 같아 흥미롭게 다가온다.

사회적 메시지를 담고 있는 음악 세계

음악

　오래전부터 인종에 따라 분리 생활을 해온 만큼 남아프리카공화국 사람이 선호하는 음악 장르 또한 많은 부분 인종에 따라 나뉜다. 청취자에 따라 각기 다른 언어로 진행되는 라디오를 듣다 보면 다양한 음악의 차이를 한번에 느낄 수 있다.

　영어로 진행되는 채널에서는 대개 미국이나 영국 같은 문화 강국의 팝 음악이 나오고 가끔 방탄소년단이나 블랙핑크와 같은 K-POP도 섞여 나온다. 클릭 사운드로 가득찬 채널에는 낮고 강한 베이스가 아프로 비트를 이어가는데 처음부터 끝까지 흥으로 가득 찬 음악이 끝도 없이 재생된다. 아프리칸스어로 진행되는 채널에는 1980년대 미국 팝이 생각나는 음악이 흘러 나오고 보통 어쿠스틱이나 일렉트로닉 기타를 배경으로 하는 밴드 음악을 생각나게 한다.

남아프리카공화국 음악은 전통 음악, 재즈, 미국 팝, 종교 음악 등 전반적으로 서로 다른 장르의 요소가 혼합되어있어 색다른 흥미를 불러일으킨다.

미리암 마케바

● 미리암 마케바(출처-UNISA.ac.za)

미리암 마케바*Miriam Makeba*는 남아프리카공화국 재즈의 대모이자 '마마 아프리카'라고 불릴 만큼 사랑과 존경을 받는 19세기 흑인 재즈 가수이다. 그녀는 수십 년간 아파르트헤이트의 현실을 세계에 알리고 남아프리카공화국 정부의 탄압을 받았다.

1932년에 태어난 미리암 마케바는 재즈와 아프리카 전통 멜로디를 섞은 음악을 대중에게 전하며 많은 인기를 누렸다. 이후 출연한 다큐멘터리 〈컴 백 아프리카*Come Back Africa*〉가 1959년 베니스 영화제에서 수상하면서 상을 받기 위해 해외로 나갔는데 이 작품이 남아프리카공화국의 위상에 해를 입힐 것을 우려한 정부는 미리암 마케바의 여권을 말소하여 귀국하지 못하게 했다.

남아프리카공화국 시민권을 박탈당한 그녀는 1963년 유엔에서 아파르트헤이트에 대한 증언을 하고 남아프리카공화국 정부의 인권 탄압을 알리고자 노력을 기울였다. 이후 1990년 넬슨 만델라가 27년 만에 감옥에서 풀려났고 그의 도움으로 미리암 마케바는 고국으로 돌아올 수 있었다.

이후에도 그녀는 투어를 돌며 노래했고 젠질레 미리암 마케바 재단을 설립하여 학대 피해 소녀들을 돕는 등 인도주의 활동을 계속했다.

미리암 마케바의 대표곡은 흥이 넘치는 요하네스버그 댄스장을 그린 〈파타파타Pata Pata〉와 코사 사람의 결혼식 음악 〈클릭송Click Song〉인데 둘 다 차분한 듯하면서도 흥이 나게 하는 전통의 멜로디와 배경음이 듣는 이를 즐겁게 한다.

미리암 마케바 노래 듣기

자니 클레그

자니 클레그Johnny Clegg는 백인과 흑인의 음악을 섞어 인종

● 자니 크레그(출처-sapeople.com)

간의 화합을 도모함으로써 아파르트헤이트 정부와 싸운 가수이다. 영국에서 태어났지만 남부 아프리카에서 자란 그는 어려서부터 흑인 지역을 넘나들며 그들의 삶을 지켜봤다. 그런 그의 별명은 '백인 줄루'이다.

자니 클레그는 음악 활동을 하면서도 백인에게 익숙한 음악을 흑인 주류 음악과 섞고 흑인 아티스트와 컬래버를 하는 등 인종 간의 화합을 염원했다. 정부는 그가 속한 밴드 줄루카와 사부카의 공연을 방해하는가 하면 그를 구금시키기도 했다.

1981년에 발매된 대표곡 〈임피*Impi*〉는 연대라는 의미로, 1879년 이산들와나 전투에서 줄루 군대가 영국군을 크게 물리치는 내용을 담았다. 줄루 전통 멜로디와 기타와 드럼 등 현대 악기로 이루어진 세션을 배경으로 자니 클레그는 백인의 발성을 담아 줄루어로 노래한다.

자니 클레그 노래 듣기

심피웨 다나 *Simphiwe Dana*

재즈와 아프로 소울 및 아프리카 전통 음악을 조합한 곡에 독특한 보컬이 돋보이는 코사 여성 작곡가이자 가수이다. 심피웨 다나는 '젊은 미리암 마케바'라는 별명을 가지고 있다.

스자바 *Sjava*

영화 〈블랙팬서〉의 사운드트랙 작업에도 참여한 스자바는 노래와 랩을 하는 작곡가이자 배우이다. 사우디*Saudi*와 엠티*Emtee*와 공동 작업한 〈아반가니*Abangani*(줄루어로 친구)〉라는 곡은 콰줄루나탈의 작은 마을에서 태어나 기회를 누리지 못하고 마약과 폭력에 노출되었던 어린 시절을 돌아보며 친구들과 신앙의 도움을 받아 지금의 자신이 될 수 있었다는 내용의 노래이다.

나스티C *Nasty C*

'블랙앤화이트*Black and white*' 발매 일주일 만에 유튜브 조회 수 120만을 기록한 핫한 래퍼 뮤지션이다. 1997년 소웨토 근처 한 마을에서 태어나 더반에서 자란 나스티C는 남아프리카공화국 힙합 어워드를 최연소로 수상할 만큼 재능 있는 아티스트이며 그의 최신 곡들은 소울풀하면서도 부드러운 비트가 특징이다.

함께 생각하고 토론하기

세계 곳곳의 이민자가 모여 사는 남아프리카공화국은 식문화 또한 다양합니다. 가장 원시적인 형태의 직화 구이부터 동남아시아의 향이 살아있는 케이프 말레이 음식과 유럽인 전통이 남긴 보르보스 그리고 자연이 선물한 루이보스와 시트러스계 과일이 한데 모여 가장 보편적인 남아프리카공화국식 식탁을 만들어냅니다.
음악과 건축물 또한 각기 다른 문화와 배경을 잘 보여줍니다. 의복만큼은 우리에게도 익숙한 현대적인 옷을 두루 입고 있지만 결혼식 같은 특별한 행사에서는 현대 의복과 전통 의복을 모두 입습니다.

● 남아프리카공화국의 식료품점은 브랜드마다 타깃층이 되는 고객의 문화와 사회 경제적 배경에 따라 비치하는 식재료와 식료품은 물론 위치도 다릅니다. 한국의 경우는 어떤가요? 각 브랜드에 따라 고객층에 차이가 나는지 또는 주로 어떤 고객층을 고려하는지 생각을 나눠봅시다.

● ● 남아프리카공화국의 전통 의복과 다른 나라의 전통 의복을 비교해봅시다. 각 나라별로 전통 의복의 공통점과 차이점에 대해 이야기를 나눠봅시다.

202

5부

여기에 가면
남아프리카공화국이
보인다

손님이 찾아오는 곳이어야 비로소 집이다.

테이블마운틴

오랜 시간에 걸쳐 바람과 물이 함께 빚어낸 테이블마운틴. 이 돌산은 다양한 문화가 녹아있는 케이프타운을 둘러싸고 있다. 착륙을 앞둔 케이프타운행 비행기에서 바라보는 수많은 집과 나무 위로 우뚝 솟은 테이블마운틴이 주는 위엄을 잊을 수 없다.

2만 5,000헥타르(250제곱킬로미터)에 달하는 테이블마운틴 국립 공원은 산맥뿐 아니라 해변, 숲, 강과 습지까지 광할한 생태계를 자랑하고 있어 매년 400만 명이 방문하고 있다. 산기슭에는 세계적으로 손에 꼽히는 커스텐보시 국립 식물원이 자리하고 있다.

케이프타운 주민에게 테이블마운틴은 친근한 뒷산과도 같아 산악자전거, 암벽 등반, 낚시, 스쿠버다이빙, 승마, 서핑, 패

● 해 질 녘의 테이블마운틴과 라이언스헤드(출처-Unsplash @Benjamin Le Roux)

러글라이딩 등 수많은 활동을 이곳에서 하고 있다.

　수만 년 전부터 테이블마운틴에서 살아온 코이산족은 이 산을 신이 사는 신성한 곳이라고 생각했다. 최초로 테이블마운틴을 등반한 안토니오 데 살단하*Antonio de Saldanha*가 이곳을 '케이프의 테이블'이란 뜻의 '*Taboa da caba*(타보아 다 카바)'라고 이름 붙였는데 그것이 지금까지 내려오고 있다.

　이후 이 산은 케이프타운의 명물이 되었고 1929년에는 첫 케이블웨이가 공식 런칭되어 더 많은 사람이 테이블마운틴을 쉽게 등반할 수 있었다. 지금까지 오프라 윈프리*Oprah Gail Winfrey*, 아놀드 슈왈제네거*Arnold Schwarzenegger* 등 유명 인사를 비롯한 2,000만 명이 케이블카를 이용했다고 한다.

　테이블마운틴의 산 중턱까지만 올라가도 수많은 나무와 빌딩

이 어우러진 도시 풍광을 볼
수 있고 정상에 오르면 케이프
타운의 또 다른 명물, 라이언스
헤드와 시그널 힐은 물론 넬슨
만델라가 수감되었던 로빈섬
과 저 멀리 겹겹이 진 산맥 아
래 와인 농장까지 보인다.

　'식탁보'라고 불리는 구름
안개가 산과 그 주변을 덮는
날이면 구름 위에 둥실 떠 있
는 것 같아 신선이 된 기분을
느낄 수 있다.

● 테이블마운틴 케이블카와 라이언스헤
　드 정상(출처-Usplash @Thomas Bennie)

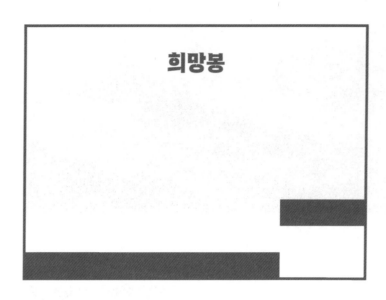

희망봉

1400년대 나미비아의 발비스 베이를 지나 남아프리카공화국에 도착한 포르투갈의 모험가 바르톨로뮤 디아스가 처음 발견한 희망봉은 태고의 시간을 아직도 간직한 듯 깊은 청명함을 뽐내고 있다.

이곳은 인도양과 대서양이 서로 만나는 지점이다. 유네스코 세계 자연유산으로 등록된 이 지역의 다양한 식물과 토종 식물인 파인보스를 구경하며 희망봉 등대에 도착하면 인도양과 대서양 두 빛의 바다가 서로 다른 색으로 바다를 가르는 절경을 200미터 높이의 절벽 아래로 볼 수 있다.

절벽 아래 인적이 드문 해변에 내려가 조용한 시간을 보낼 수도 있고 마음대로 널부러져 있는 바분원숭이와 인사하거나

● 희망봉 등대가 위치한 케이프반도(출처-Unsplash @Rebekah_Blocker,@Jean-Baptisete D)

드라이브하며 타조와 얼룩말, 일랜드, 본테복 등 여러 야생 동물을 구경할 수도 있다.

희망봉은 입구에서 등대까지 가려면 한참을 운전해야 할 만큼 넓다. 오랜 역사에도 자연 그대로의 모습을 보존하고 있어 케이프타운에 방문하면 꼭 한 번 가봐야 하는 필수 관광지이다.

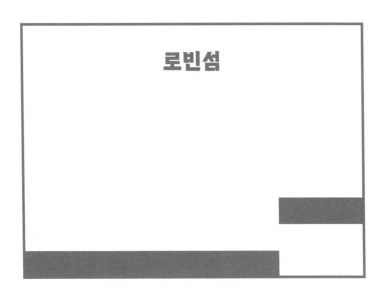

로빈섬

테이블마운틴 정상에 올라가면 로빈섬이 한눈에 보인다. 이 곳은 500여 년의 유구한 역사가 녹아있는 중요한 역사적 유산 이자 남아프리카공화국 최초로 유네스코 세계 문화유산으로 지정된 곳이다.

남아프리카공화국이 네덜란드동인도회사 무역선에 물자와 식품을 공급처 역할을 했던 시절 유럽인은 수심이 얕은 육지까 지 정박하는 것이 번거로워 로빈섬을 물자 보충 대체지로 사용 했다. 배가 정박하는 만큼 물자와 함께 사람들이 주고받는 편 지를 나르는 이동 경로로도 활용되었다.

동식물이 풍부해서 이곳에 정착한 사람들은 물개, 거북, 펭 귄 등을 사냥하고 양과 가축을 기르기도 했다.

● 감옥 외부(출처-Unsplash @Grant_Durr)

로빈섬이 수용소로 사용된 역사는 굉장히 오래되었다. 일반인이 사는 육지와 불과 6킬로미터 정도밖에 떨어져 있지 않고 주변 수심이 30미터로 얕아 자연이 만든 최적의 고립지였던 것이다. 네덜란드 정착민은 범죄자를 이곳에 수감하기 시작했다. 특히 토착 왕족이나 종교적 리더들이 정치범이 되어 로빈섬에 갇혔다.

이후 19세기에는 정신 이상자를 가두는 수용소로 쓰였다. 정신 이상자는 식민지가 원치 않거나 당시 표현으로 '정신이 이상한' 사람들, 노숙자, 알콜 중독자, 병자, 노인 및 성병에 걸린 창녀 등이 이에 속했다. 20세기에 와서 정부는 30여 년간 이곳을 군용 기지로 활용했다.

아파르트헤이트가 시행되는 동안 로빈섬은 많은 흑인 정치범을 가두는 감옥으로 사용되었다. 넬슨 만델라를 포함한 수감자들은 이곳에서 고독한 시간을 보냈다. 열악한 환경으로 유명했던 이 감옥에서 이들이 풀려난 이후 로빈섬은 강인한 정신력을 상징하는 중요한 유산이 되었다.

● 감옥 내부(출처-Unsplash @Grant_Durr)

삭막했던 정치적 배경과는 달리 수려한 자연의 아름다움을 뽐내는 로빈섬은 네덜란드어로 '물개섬'이라는 의미가 있는 만큼 물개를 비롯해 펭귄, 참고래, 스프링복, 일랜드와 132여 종의 새가 살고 있다.

지금은 감옥이 아닌 세계 문화유산으로 교육과 보존에 힘쓰고 있으며 많은 학생이 학교 투어로 이곳을 방문하거나 다양한 캠프 프로그램에 참여한다. 방문객은 수감자 일일 체험을 할 수도 있고 리소스 센터에서 교육 자료를 찾아보거나 뮤지컬로 된 에듀테인먼트를 즐길 수 있다.

인류의 요람

인류의 요람 지역은 2억 년 전 일어난 인류의 시작을 직접 경험할 수 있는 곳이다. 4만 7,000헥타르(470제곱킬로미터)에 달하는 이 지역에는 석회암 동굴이 옛 동식물과 인류의 흔적을 화석으로 품고 있어 초기 인류의 유적이 많이 발견된다. 이 지역은 국립 유적 발굴지가 열세 군데 있는데 이곳에서 전 세계 인류 화석의 40퍼센트, 즉 850여 개가 발견되었다. 1924년에 발견된 첫 인류 오스트랄로피테쿠스 타웅 아이가 대표적이다.

요하네스버그에서 50킬로미터 떨어진 곳에 위치한 스테르크폰테인 동굴에서는 미세스 플레스*Mrs. Ples*와 리틀풋*Little Foot* 등 유명한 화석이 발굴되었다. 이 화석은 약 400만 년 전의 것으로 추정된다. 이 동굴은 골드러시가 있었던 1890년에 금광 일꾼들

● 스테르크폰테인 동굴의 지하 호수
(출처-maropeng.co.za)

● 미세스 플레스 화석
(출처-maropeng.co.za)

이 다이너마이트를 터트려 발견되었는데 가장 높은 곳은 15미터
에 이를 정도로 큰 규모를 자랑한다.

'크래들'이라는 명칭으로 불리는 이곳에서 발견된 유적은 많
은 부분 마로펭 방문자 센터에 전시되어있다. 전시장은 다양한
경험을 즐길 수 있도록 조성되어있으며 지하 세계에서는 보트
를 타볼 수도 있다.

투어를 신청하면 지구의 형성부터 인류와 동식물의 시작과
진화 과정에 대한 자세한 설명 및 인류가 불을 사용하게 된 이
유와 뇌의 발달 과정에 대해 열띤 토론을 나눌 수 있다.

아파르트헤이트 박물관

　남아프리카공화국의 아파르트헤이트는 지금도 많은 이의 가슴에 아픔으로 남아있다. 그 역사를 잊지 않고 되풀이하지 않으려는 수많은 사람들의 노력으로 2001년 아파르트헤이트 박물관이 탄생했다.

　요하네스버그를 방문하면 꼭 가봐야 할 곳으로 손에 꼽히는 이곳은 입장권부터 백인과 유색인으로 나누고 인종에 따라 다른 입구를 사용하도록 한다. 입장부터 과거 차별의 역사를 직접 체험할 수 있게 하려는 것이다.

　내부에는 22개의 개별 전시 구역을 마련하여 인종 구분부터 분리 과정, 아파르트헤이트의 삶과 폭력이 난무하는 환경, 정치범 사형, 학살 등을 실감나게 다루고 있다. 아픈 시간의 기록과 함께 넬슨 만델라의 석방, 민족 간의 화합과 협상, 새 헌법을 비롯한 희망의 역사까지 다수의 영상, 사진, 문자 및 유적을 통해 더 나은 미래를 그리는 현 세대의 노력을 보여주고 있다. 아파르트헤이트 박물관 홈페이지에서는 아파르트헤이트와 그 전후에 대한 교육 자료도 찾아볼 수 있다.

1995년 남아프리카공화국 정부는 어느 회사에 카지노를 지을 땅을 허가해줄지 고민하고 있었는데 아카니 이골리*Akani Egoli*라는 컨소시엄이 박물관을 함께 지어 투어리즘을 활성화하고 경제와 일자리 창출에 기여하겠다는 의도를 밝혀 수주하게 되었다. 이 때문에 아파르트헤이트 박물관 옆에는 골드리프시티라는 대규모의 카지노 및 테마파크, 극장, 축구 경기장 등이 자리하고 있어 이곳을 방문한 후에도 경험할 곳이 많다.

● 인종별로 구분된 아파르트헤이트 박물관의 입장권(출처-apartheidmuseum.org)

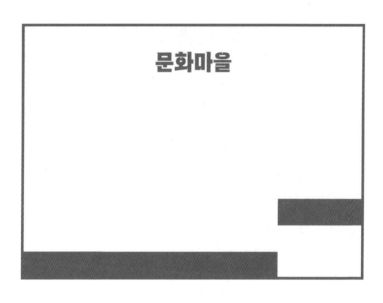

문화마을

다양한 문화가 있는 남아프리카공화국이지만 현대화로 인해 아프리카 전통문화를 자주 볼 수는 없다. 하지만 우리나라의 하회 마을과 같이 전통문화를 그대로 보존해둔 곳이 있다. 바로 '문화마을'이다.

문화마을은 줄루, 코사, 은데벨레, 총가 등 다양한 민족 집단의 문화와 주거 양식을 직접 보고 체험할 수 있는 곳으로, 전통 수공예품을 만들어보고 전통 춤을 배우거나 직접 요리를 하고 술을 접해볼 수도 있다.

바소토 문화마을은 남소토 사람이 오래전부터 지켜온 문화를 그대로 볼 수 있는 곳이다. 흙벽에 짚을 이어 지붕을 만든 전통 건축물을 볼 수 있고 역사 속에서 남소토 사람이 사용했

● 바소토 문화마을에서 볼 수 있는 전통 가옥(출처-southafrica.net)

던 바구니를 만들어볼 수 있다. 또 옥수수를 빻아보는 것과 같은 전통문화 양식을 체험할 수 있으며 박물관의 건축 과정에 대해서도 알아볼 수 있다. 또한 정기적으로 미술품 전시를 개최하고 야외 극장에서 공연을 펼치기도 하는 신나는 곳이다.

두마줄루 전통마을에서는 줄루족의 문화와 언어를 살펴보고 그들의 사는 방식을 배우고 교류해볼 수 있다. 박진감 넘치는 드럼 비트에 줄루족의 전통 춤을 볼 수 있고 줄루식 맥주와 요리도 맛볼 수 있다. 기념품 매장에서 판매하는 클레이용품, 비즈 공예품, 바구니 등을 구입하면 줄루족의 지역 공동체 살림에 도움을 줄 수도 있다.

웹 사이트조차 찾기 어려운 문화마을 중 인프라와 교육이 잘 갖춰진 곳은 콰투 산족 문화 및 교육 센터이다. 이곳에서는 현재 6,500여 명밖에 남지 않은 산족의 돌 벽화를 볼 수 있다.

● 콰투 문화마을 박물관(출처-khwattu.org)

또한 산족의 야생 추적 기술을 배우고 그들의 음식을 접해보
는 등 방문객을 위한 활동이 마련되어있다. 콰투 산족 문화 및
교육 센터에서는 박물관을 설립해 다양한 전시회를 열고 다른
기관과 학생 대상 문화 교육 및 디지털 아카이빙 협업을 하는
등 현대적인 노력을 기울이고 있다.

드라켄스버그 산맥

용이 산다는 산맥, 드라켄스버그는 이름도 외형도 동화에나 나올 법하다. 남아프리카공화국을 길게 가로지르는 대단층애의 일부로, 길이가 약 1,000킬로미터에 달한다.

드라켄스버그 산맥은 줄루어로는 우카람바, 소토어로는 말루티 등 여러 이름으로 불린다. 겹을 지어 끝도 없이 이어지는 거대한 산맥으로 태고적 웅장함을 그대로 간직하고 있다. 가장 높은 지점은 해발 3,300미터에 달하며 킬리만자로산 남부에서는 가장 높다.

천혜의 아름다움과 역사를 자랑하는 만큼 유네스코 세계 자연유산으로도 등재되었으며 수많은 산족 벽화도 발견되었다. 이런 벽화는 아직도 등산로 곳곳에서 볼 수 있어 마치 산족과

● 드라켄스버그 산맥(출처-@전예지)

● 투겔라 폭포(출처-@전예지)

함께 여행하는 듯한 특별한 경험을 하게 해준다.

산족의 벽화는 일상을 그렸다기보다 종교적인 의미를 담고 있다. 종교 및 영적 지도자였던 전통 의사*Shaman*를 그린 것이 많은데 사냥하는 모습, 춤을 추는 모습 등을 벽화로 그림으로써 영적 세계로 통하는 문을 열 수 있다고 믿었다.

독특하게도 산족 벽화에는 굉장히 역동적인 모습이 그려져 있다. 동물을 사냥하는 사람이 움직이는 모습, 사냥 당하는 동물이 쓰러지거나 목이 넘어가는 등의 모습에서 생동감을 느낄 수 있다.

드라켄스버그 산맥에는 전 세계에서 두 번째로 높은 투겔라 폭포가 있는데 이 폭포는 비가 온 후에만 잠시 볼 수 있다. 폭포의 물이 한번에 떨어지지 않고 다섯 번의 턱에 걸쳐 내려앉는 모습이 인상 깊다.

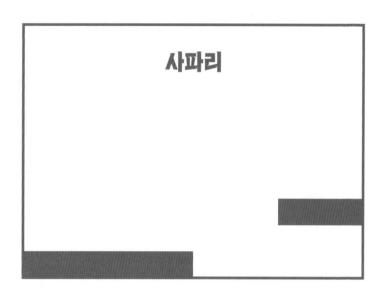

사파리

아프리카 하면 떠오르는 특별한 산업이 있다. 바로 사파리이다. 사파리는 무려 124억 달러의 규모에 달하는 남아프리카 공화국의 아주 중요한 산업이다.

가이드와 함께하거나 본인의 차로 직접 사파리를 모험해보려면 건기인 가을 혹은 겨울(4~9월)에 방문해 짧게는 3일부터 길게는 몇 주 동안 공원 안에서 지내야 한다. 사람의 손길이 거의 닿지 않은 자연을 방문하는 것이기 때문에 빅5 야생 동물을 모두 보려면 적어도 일주일 이상은 지내는 것이 좋다.

사파리 여행은 기다림의 연속이다. 야생 동물을 애타게 기다리다가도 오랜 시간 쌓아온 자연의 아름다움에 금세 눈길을 빼앗긴다.

224

남아프리카공화국에서 가장 유명한 사파리는 2억 헥타르(200만 제곱킬로미터)에 달하는 크루거 국립 공원이다. 이곳은 가이드 투어를 이용하거나 직접 운전하며 다닐 수 있다. 공원 안에 주유소도 있어 원하는 방식으로 여행할 수 있다. 단 차 밖에서 일어나는 일은 아무도 책임지지 않기 때문에 정해진 하차 지점에서만 내리도록 주의해야 한다.

● 크루거 국립 공원에 서식하는 표범
(출처-Unsplash @GerandeKlerk)

국립 공원에는 방문객을 위한 작은 숙소, 게스트하우스, 글램핑장 및 캠핑과 피크닉을 즐길 수 있는 곳이 마련되어있어 이곳을 방문하는 사람은 자연 속에서 편히 쉴 수 있다.

● 크루거 국립 공원에 서식하는 기린
(출처-Unsplash @Charl_Durand)

유색인을 볼 수 없는
백인만의 마을, 오라니아

모든 피부색의 사람이 아름다운 무지개를 그리고 산 지 30년이 지났지만 아직까지도 건조한 카루 지역에는 백인만의 사회를 이루며 사는 아프리칸스 마을, 오라니아가 있다.

길 이름부터 역사적인 아프리칸스인 영웅의 이름을 딴 이곳은 모든 인종 간의 화합이 일어나는 현대의 남아프리카공화국에서 아프리칸스인의 언어와 정체성 및 전통과 문화를 보존하고 이어가기 위해 1991년에 세워졌다. 오라니아는 하나의 독립된 국가인 것처럼 이곳만의 화폐, 오라 _Ora_ 가 남아프리카공화국 공식 화폐인 란드와 함께 통용되고 이곳만의 라디오 채널까지 있다. 또한 남아프리카공화국 지역 정부의 통제를 받지 않고 마을 자체적으로 지역 선거를 시행한다.

남아프리카공화국의 다른 지역과는 고립된 채 살기 때문에 오라니아 사람들은 궂은일을 손수 처리하는 데 익숙하고 이를 자랑스럽게 여긴다. 놀랍게도 지난 7년 간 이곳 주민 수는 두 배가 늘어났고 매년 10퍼센트 이상 성장하고 있으며 향후 유입될 사람들을 대비해 하수도 공사도 진행하고 있다.

다민족 민주주의 국가가 시작된 이후 소수 문화 민족이 된 오라니아 주민은 새 나라의 헌법에 의한 권리를 내세워 호소했고 이에 헌법 재판소가

● 트란스발을 세운 아프리칸스인의 역사적 영웅, 폴 크루거

● 오라니아 마을의 화폐, 오라

손을 들어주어 이들만의 자치 마을을 마련했다. 1,700여 명의 주민 중 유색인은 찾아볼 수 없고 아프리칸스어만 통용되며 나이가 지긋한 사람들은 아파르트헤이트의 문제점을 모르겠다는 말을 내뱉기도 한다.

거리에는 옛 아파르트헤이트 깃발과 인종 간 분리에 대한 기념물이 곳곳에 있다. 이들은 흑인에게 별다른 감정이 없고 자신들의 문화를 이어가고자 하는 의도라고 하지만 흑인이 이 마을에 사는 것은 허용되지 않는다. 오라니아에 이주하고자 하는 사람들은 마을 위원회를 통해 엄격한 통과의례를 거쳐야 한다. 아프리칸스어를 유창하게 구사하는 것만으로는 통과할 수 없는 절차이다.

하지만 이곳에는 정규 대학이 없기 때문에 젊은 부부들은 자녀가 사회에 나가 잘 살 수 있도록 준비시키고 피부색에 따라 차별하지 않도록 주의깊게 가르치고 있다. 최근 들어 오라니아 사람들은 인종 차별을 당연시하는 오라니아의 문화에서 멀어지고 한걸음 더 성장하려는 노력을 기울이고 있다.

함께 생각하고 토론하기

다채로운 색과 흥미로운 모험으로 가득한 남아프리카공화국에는 초기 인류의 흔적이 많은 인류의 요람이 있습니다. 식탁처럼 평평한 테이블마운틴 산자락이 길게 드리운 곳이기도 하고 반도의 끝머리에 두 색의 다른 바다가 만나는 곳이기도 합니다. 물과 기름처럼 섞이지 않을 것만 같던 피부색이 다른 사람들이 멋진 색의 조합을 만들어 아름다운 그림을 그려내는 곳이기도 합니다. 그리고 그 그림 속에는 펭귄과 기린, 코끼리, 타조와 같은 멋진 동물 친구가 곳곳에 자리하고 있지요.

● 남아프리카공화국은 천혜의 자연을 지니고 있으며 역사가 깊이 녹아든 나라입니다. 남아프리카공화국에서 가보고 싶은 곳을 찾아보고, 그 이유에 대해 설명해봅시다.

●● 남아프리카공화국의 볼거리를 한국의 유적지 및 관광지와 비교해봅시다. 비슷한 곳끼리 묶어보고, 어떤 점이 비슷한지 이야기를 나누어봅시다.

남아프리카공화국 속 한국,
한국 속 남아프리카공화국

한국과 남아프리카공화국을 오가는 사람은 그리 많지 않다.* 한국에서 남아프리카공화국 혹은 남아프리카공화국에서 한국에 대한 관심 정도도 딱 비슷한 수준이다. 다만 생각했던 것보다 그 수준이 꽤 높다는 사실이 흥미롭다.

2021년 남아프리카공화국에서는 한국의 문화 산업과 그 영향력이 얼마나 큰지 실감할 수 있다. 쇼핑몰에서 물건을 둘러보다 보면 귀에 익숙한 K-POP이 들려온다. 주차장 광고판에는 방탄소년단의 사진이 걸려있고 넷플릭스에는 남아프리카공화국에서 가장 인기 있는 Top 10 콘텐츠로 〈오징어게임〉과 〈지옥〉이 버젓이 꼽힌다. 은행에 가서 순서를 기다리다 보면 딱 봐도 K-Drama를 사랑하는 사람이 뒤에서 어깨를 톡톡 치며 묻는다.

● 2019년 국가통계포털(kosis. kr)에 따르면 한국에서 남아프리카공화국으로 입국하는 사람은 1만 9,000명, 남아프리카공화국에서 한국으로 입국하는 사람은 1만 3,000명이고, 이후 급감하고 있는 추세이다.

"한국인이신가요?"

케이프타운의 어느 쇼핑몰에는 한 층 전체에 편집숍을 냈는데 이니스프리 같은 유명 중저가 화장품을 진열해놓은 한국 화장품 코너가 들어섰다. 최근에는 한식 퓨전도 많아져서 피자에 불고기와 김치를 올려 화덕에 구워 팔거나 'KFC: *Korean Fried Chicken*'라는 이름으로 닭강정을 튀겨 버거를 만들어 팔고, 비건식 버섯김치볶음밥까지 판다. 백인이 백인을 상대로 파는 레스토랑이긴 하지만 꽤 비슷하게 맛을 내는 것이 신기하기만 하다. 중국인이 되어본 적은 없지만 상하이 사람이 해외에 나가 국물이 터지지 않는 샤오룽바오를 먹으면 느낄 법한 반갑고도 아쉬운 미묘한 기분이랄까?

불과 몇 년 전만 해도 한국이라는 나라가 어딘지 몰라 재차 중국인이냐, 일본인이냐 묻는 사람이 꽤 있었는데 지금은 그런 질문이 잘 들리지 않는다. 교육 기관에는 한국에 가서 일할 원어민에게 영어 강사 자리를 알선해준다는 전단지도 빠짐없이 붙어있다. 두어 다리만 건너도 한국에 지인이나 가족이 살고 있다며 반가워 죽겠다는 사람이 많다.

남아프리카공화국에 사는 한인은 2019년 기준 3,800여 명으로 꽤나 큰 이민 사회를 형성하고 있다. 이제는 일부 한인마트도 온라인화되어 대도시라면 집에서도 1~3일 이내에 기본적인 한국 식재료를 배달 받을 수 있다.

한국 정부의 지원으로 매주 한글학교도 운영해서 한국 교과

서에 맞춰 공부하는 아이도 많다. 지금 20~30대 청년은 현지인과 문화적 사회적으로 동등한 자리에서 현지 회사에 잘 정착하는 첫 세대라고 할 수 있다. 이곳의 이민 사회도 안정적인 뿌리를 내리게 되었으니 머지않아 한인 정착이 먼저 시작된 다른 국가에서처럼 실력 있는 한국인이 배출될 것이다.

한국에서도 남아프리카공화국의 흔적을 쉽게 찾아볼 수 있다. 주한 남아프리카공화국대사관의 대사는 넬슨 만델라 전 대통령의 장녀, 제나니 들라미니*Zenani Dlamini*이다. 〈어서와 한국은 처음이지?〉라는 예능 프로그램에는 친근한 모습으로 등장하는 정감 있는 남아프리카공화국 친구들도 보인다.

포카리스웨트에 남아프리카공화국산 자몽이 들어간다는 사실을 알았으니 이제 그 음료를 보면 이곳 자몽을 생각하게 될 것이다. 전국 편의점에서 쉽게 볼 수 있는 음료이니 어쩌면 한동안 매일 생각하게 될 수도 있다.

와인이 특산물이라는 사실도 알았으니 어쩌면 누군가의 선물로 남아프리카공화국산 제품을 골라볼 수도 있다. 또는 코로나19 확산으로 몇 년째 집콕만 하며 가보고 싶은 여행지로 염불을 외는 사람이 있다면 이 책에 실린 천혜의 아름다움을 잊지 못해 다음 여행지로 남아프리카공화국을 고를 수도 있다.

만약 남아프리카공화국을 접하기도 전에 이곳이 그리워진다면 이태원에 유명한 남아프리카공화국 음식점 '브라이 리퍼블릭'이 있으니 한 번쯤 가서 브라이 요리와 음료를 먼저 접해

보는 것도 괜찮겠다.

이 책을 마무리하는 2022년 지금의 남아프리카공화국은 모바일 쇼핑으로 원하는 물건을 하루 만에 받아보고 업체가 대신 장을 봐준 물건이 두 시간 만에 집 앞에 도착하는 곳이다. 물론 물건을 받는 집 앞에는 길게 수평을 지르는 흰 물결의 바다가 태양빛을 반사하고 그 옆 푸른 공터에는 산책 나온 작은 개가 야생 기니파울을 쫓는 것이 일상일 정도로 평화로운 모습이다.

이 책을 처음 펼쳤을 때 아프리카의 전형적인 이미지 이외의 것은 딱히 떠오르지 않았을지도 모른다. 책을 다 읽은 후에는 마음속에 떠오르는 남아프리카공화국의 이미지가 이전보다 훨씬 밝고 따뜻하고 신기한, 그런 반짝임으로 가득 찬 곳이었으면 좋겠다.

나의 첫 다문화 수업 05

있는 그대로 남아프리카공화국

초판 1쇄 발행 2022년 3월 30일
초판 2쇄 발행 2023년 11월 10일

지은이 정현재

기획 · 편집 도은주, 류정화
마케팅 박관홍
표지 일러스트 엄지
지도 일러스트 서지원

펴낸이 윤주용
펴낸곳 초록비책공방

출판등록 2013년 4월 25일 제2013-000130
주소 서울시 마포구 월드컵북로 402 KGIT 센터 921A호
전화 0505-566-5522 팩스 02-6008-1777

메일 greenrainbooks@naver.com
인스타 @greenrainbooks
블로그 http://blog.naver.com/greenrainbooks
페이스북 http://www.facebook.com/greenrainbook

ISBN 979-11-91266-31-3(04930)
ISBN 979-11-91266-17-7(세트)

어려운 것은 쉽게 쉬운 것은 깊게 깊은 것은 유쾌하게

초록비책공방은 여러분의 소중한 의견을 기다리고 있습니다.
원고 투고, 오탈자 제보, 제휴 제안은 greenrainbooks@naver.com으로 보내주세요.